林 順治
Junji Hayashi

隠された日本古代史

存在の故郷を求めて

彩流社

序　言

問うことはすべて、探し求めることです。探し求めることはすべて、探し求めるものから、予《あらかじ》め決定されています。

（『存在と時間』マルチン・ハイデガー、桑木務訳）

目次

はじめに

本書は目次に掲載した『馬子の墓』から『隅田八幡鏡』の既刊本七冊のそれぞれの「はじめに」と「おわりに」の部分を抜き出し、一冊に纏めました。ちなみに既存本のもっとも頁が多い『ヒロシマ』が七一〇頁で、少ない『隅田八幡鏡』で五八〇頁です。四六判だと二冊分、新書版ですと三冊の分量になります。

これではとても読み通してもらうことはできません。したがって、すでに筆者の本を手にとって読んだ人も、まだ読んだこともなく、これから電子書籍で読もうとする人のために、私の哲学・思想・歴史が分かりやすく伝わるように工夫しました。

『隅田八幡鏡』を出版したのは二〇〇九年（平成九）の三月ですが、その一ヵ月後の四月河出書房新社から『応神＝ヤマトタケルは朝鮮人だった』を出版しました。その時はネット上で炎上し、大きな反響を呼びましたが重版に至りませんでした。おそらくタイトルの「朝鮮人」が日本や韓国&在日の読者にはなじまなかったのでしょう。

『隅田八幡鏡』は、「日本古代国家は朝鮮半島から渡来した新旧二つの渡来集団によって建国された」ことを証明する価値のある古代東アジアの考古学的な資料（国宝）です。「When：いつ」「Where：どこで」「Who：だれが」「What：何を」「Why：なぜ」「How：どのように」（5W1H）が刻まれた隅田八幡鏡人物画像鏡銘文は、大阪羽曳野市の最大古墳の一つ応神陵の被葬者が百済の王子昆支《こんき》王であり、仁徳陵の被葬者は昆支《こんき》王の弟男弟王（継体）であり、百済武寧王が昆支《こんき》王の子であることを明らかにしました。であれば北朝鮮の人々も韓国＆在日朝鮮人や日本人も根源的には東アジアの同じ民族を出自とするいわば同胞です。

『隅田八幡鏡』と『応神＝ヤマトタケルは朝鮮人だった』を出版したこの年（二〇〇九）の一二月、私は『天皇象徴の日本と〈私〉1940-2009』を出版しました。一九四〇年は私が生まれた年を意味し、二〇〇九年は民主党政権の誕生を意味しています。後、彩流社本を二〇一九年二月『天皇象徴の起源と〈私〉の哲学——日本古代史から実存を問う』と改題して、えにし書房から出版しました。帯のキャッチコピーは次の通りです。

著者は自身の内的葛藤と古代日本国家の形成過程がシンクロし、日本及び日本人の心性の深奥に分け入る稀有な天皇論。天皇制の起源を石渡信一郎による一連の古代史解釈にフロイト論を援用し、単なる史実解明を超えた独自の理論から明らかにする林順治の代表作。

褒めすぎですが、よくできていると思います。確かに私は本書『隠された日本古代史（Ⅰ）』

に収録した第二章「義経紀行——弁慶はエミシの末裔であった」の著者略歴には、次のように書きました。

この本は新旧二つの朝鮮渡来集団による日本古代国家の建設とアイヌ系エミシの起源を明らかにした石渡信一郎の研究と発見の数々を辿りながら、東北・横手盆地の歴史探求と郷里深井の追想を重ね合わせた歴史紀行である。

本書『隠された日本古代史——存在の故郷を求めて』は、私の哲学であり、私の思想であり、私はあらぬところのものであり、あるところものであらぬ存在であり、世界のなかの一人であることを認識した私の存在論であることを意味しています。

なお、〝万世一系天皇の歴史物語〟については、本書第五章の「アマテラス誕生」をご覧いただければ幸いです。

二〇二二年七月三日

林順治

第一章　馬子の墓――誰が石舞台古墳を暴いたのか

◆はじめに

出会い

今から八年前の事であった。ある知り合いの著者の紹介で私は一人の古代史研究者と会うことになった。その人は千歳空港を早朝出発して私の待っている山の上ホテルに到着したばかりであった。その人を私は先生と呼ぶことにする。ホテルの玄関からこちらに向かって歩いて来る先生は長身でフンワリ浮かんだような感じであった。

私は玄関がまっすぐに見える南側ロビーの一番奥のソファに知人M氏と一緒に座っていた。はじめて会う人の場合私はそこに座って待つのが好きだった。先生の足取りはどこかおぼつかなく、そろそろと歩いてくるように思えた。ちょっと両肩をすくいあげたような、前屈みの上半身は長い間、机の前に座って仕事をしている風に思えた。全体にとても弱々しく頼りなかった。

私は一瞬、小・中学校を通して同級生であった久治郎のことを想い出して、久治郎に対する懺悔の念に襲われた。久治郎は背が高く、いつも教室の奥の席に座っていた。久治郎とは中学校卒業するまでほとんど話したことはなかった。久治郎は誰とも話さなかったし、周囲の者も話しかけなかった。

先生は久治郎に似ていた。目がとても大きくきれいに輝いていた。眉はキリッとつりあがっているが、穏やかな優しい表情をしていた。私が話しかける時、何度か左手を耳にあてて私の方に身を寄せてきた。おそらく自信のなさそうな曖昧な笑みは、私の言葉がよく聞こえなかったのかもしれない。テーブルに置かれた原稿をパラパラめくりながら、私はごく簡単に言った。

「これでは出版に無理でしょう」

先生は、私の方になおいっそう前屈みの姿勢をとりながら、しずかに「ハッ」と言って黙ってしまった。原稿はB五判の感熱紙にきれいにプリントされていた。

「もっと、わかりやすくポピュラーに書き直す必要があるでしょう」と私。先生の顔は少し青ざめたようだったが、微かに笑っていた。「もっとやさしいものを出しましょう」と私は念をおした。

先生は黙ってうなずいていた。両膝に置いた白くしなやかに伸びた指が少し震えているようにみえた。おおよそ一時間ほどの会合だったろうか、私たちは別れた。預かった原稿はなぜか自宅に持ち帰り、机の横の本棚に差し込んだ。五日ほど経って先生から手紙が届いた。

前略　先日ご多忙にもかかわらず、私のためにわざわざ時間を割いていただきまして、誠にありがとうございました。拙稿のためにお骨折りくださいましたことを厚くお礼を申し上げます。

先日は、一般向けの古代史の本を書いてはどうかと勧めていただき、私もそのようにお願いしたいと思いましたが、札幌に帰りましてから、その時間的な余裕がないことに気がつきました。

私は、アイヌ民族の起源や天皇制の起源を私なりに解明しましたので、次は被差別部落の起源を明らかにした本を書きたいと思っています。構想はすでにできておりますし、病身でいつ死ぬかわかりませんので、この本の執筆を優先したいと思います。

従いまして、先日と同様に、拙稿の出版が不可能と判断されましたら、ご連絡ください。無名の著者が書いた一般向けでない本が商業ベースに載らないことがよくわかりましたので、出版していただけない場合には、当初から考えておりましたように、私家版として出そうと思っています。

一面識もない私のために、貴重なお時間を使ってくださいましたことを心から感謝しています。以上、要用のみにて失礼させていただきます。なお、私の経歴、一般向けの本のレジメを同封しました。

四月一一日　　　　　　　　　　　　　　石渡信一郎

先生の経歴は簡単なものだった。先生は一九二六年に東京に生まれ、東京文理大学を卒業後、一九五三年から東京都立千歳高校の英語教師を務めた。一九七七年に退職して古代国家の成立とアイヌの研究に専念した。一九八六年に『アイヌ民族と日本古代国家』を私家版で出して、アイヌ民族の南方起源を解明した。そしてもう一枚の用紙には『蘇我王朝の興亡』と題した執筆の趣旨と目次がワープロできれいに打たれていた。

その後現在まで、私は先生とは数えきれないほど会っているが、先生がなぜ途中で教師を辞めたのか、そしていつ札幌に引っ越したのか、先生がどのような環境で育ったのか私の方からとりたてて聞いたこともなかった。また尋ねるチャンスもなかったし、先生も話さなかった。ところで先生がこれから書こうという『蘇我王朝の興亡』のレジメは次のような内容であった。

現在通説の古代王権の成立は、日本人単一民族論と誤った古墳の年代に基づいている。江上波夫《えがみなみお》の騎馬民族征服王朝説は、古墳時代前期における小数の騎馬民族の渡来しか考えていない。これは明らかに最新の分子生物学や遺伝学の研究成果に矛盾している。江上波夫によると四世紀の初めころ朝鮮の加羅地域から渡来した崇神が北九州で第一回の建国を行い、そして四世紀の末には崇神の子孫の応神が畿内に進出して第二回の建国を行った。

しかし江上波夫の「韓倭連合王国」の考えは、その第一回目の王国の中心を北九州と据える点、その成立時期を四世紀初めとする点で誤っている。崇神が建国した「韓倭連合王国」の王都は、北九州ではなく大和の纏向《まきむく》であった。建国の時期は四世紀の中頃である。そして、江上説では第二回の応神の建国は四世紀の末になっているが、応神陵の年代は五世紀末から六世紀の初めである。これはほぼ地理学的にも証明されている。

次に古田武彦の九州王朝説だが、この説は北朝鮮の金錫亭《きんそっきょん》の説を発展させたものである。これも古墳の年代が通説にしたがっているので、倭の五王が間違っている。九州王朝は、加羅系北九州王国を金錫亭が過大評価したもので、近畿の加羅系王朝と対抗できるような王朝ではない。古田説によると九州王朝の滅亡は七世紀だが、北九州の加羅系王国の滅亡は磐井の反乱として記録されているように、六世紀前半である。筑紫国として存在したヤマト王朝の自治国にすぎない。

また、奥野正男は古田武彦の九州王朝説を批判し、江上説を修正して五世紀における加羅系・百済系渡来集団による河内王朝説を唱えているが、これも古墳時代の年代が間違っている。


私ははるばる遠方から上京したあまり健康ではないこの初老の研究者が、帰りの飛行機のなかで疲労と落胆のあまり心臓発作で倒れたことなどつゆ知らず、預かった原稿のことをすっかり忘れてしまっていた。

いま、先生の驚くべき研究成果と発見の数々を振り返るとき、私は恥ずかしさと謝罪の念で身震いする思いだ。そして何よりも大きな私の失態は、私がレジメの中身がとても重要であることに気がつかなかったことである。

当時私は聖書を読むことに専念していた。先生に初めて会う前の年に日本聖書協会からプロテスタントとカトリック教会の共同翻訳が刊行され、活字も大きくなり読みやすくなっていた。私の仕事は単行本の企画や編集をする仕事だったので、時間はかなり自由であった。

私は会社の仕事をやり終えて自宅に帰ると、真新しい聖書を取り出し、枕を背にして横になるのが習慣となった。南側のヴェランダから差し込む穏やかな春の日の光のもとで、聖書の理解力が倍化していくようであった。読書をかぎりなく広くすることも編集者にとって役に立つことだった。緊張とリラックスのバランスがとれ、創世記から全編を通して読むという私の目標はかなり早く実現しそうであった。

偶像を造ってはならない。彫像、石柱、あるいは石像を建てて、それを拝んではならない。モーセがシナイ山で神と取り交わした契約は偶像を造ってはならないということであった。神はモーセの神であり、モーセをエジプトの国、奴隷の家から導きだした神であった。神はモーセに神をおいてほかに神があってはならないと厳命する。神がモーセに伝えた最初の言葉は、いかなる像も造ってはならないということであった。『出エジプト記』二〇章四節で神はモーセに次のように語る。

あなたはいかなる像も造ってはならない。上は天にあり、下は地にあり、また地の下の水にある、いかなるものの形も造ってはならない。あなたはそれらに向かってひれ伏したり、それらに仕えたりしてはならない。私は主、あなたの神。私は熱情の神である。

◆おわりに

人間とは何か

人間とは何かと思う。人間とは何かと思うとき、いつもこの言葉を繰り返して終わってしまう。しかし、この人間とは何かと繰り返す時、何かが終わったような安堵感と、初夏の黄昏時にいるような気持ちになるのは何故だろうかと思う。人間とは何かと繰り返すこの言葉のリズムは、静寂のなかに聞こえる時を刻む時計の音のようにも、海辺から聞こえる波の音のようにも思える。

地球は自転しながら太陽の周囲を回っているのに、なぜその音がきこえないのだろうか、と人に尋ねる。それは地球がいつから宙に浮いて、なぜ二三・五度傾いて自転することができるのかと問うことに似ている。宇宙は無限だ。銀河系のなかには一千億個の太陽と同じような恒星がある。

宇宙はさらに一千億個以上の銀河系を含む一千億光年の広がりをもつ。銀河系の年齢は一七〇億年だという。現代の宇宙科学では、この宇宙は百数十億年前に大爆発を起こし、その余波でまだ膨張し続けているのであり、届く光の速さ以上のスピードで膨張していることがわかっている。宇宙はその限界を知ることができない。

サルトルは「人間はあらぬところのものであり、あるところのものではあらぬ」と言う。サルトルはデカルトの「我思う故に我あり」では、人間存在を説明することができないと考えた。知ることは問うことであり、問うとはその問うものにすでに前もって打ち込まれているのでなければならないとハイデカーは言った。

サルトルはハイデカーの「世界内存在」を実存論的精神分析によって人間をより行動的に解釈した。それは自由と責任、個と体制、闘争と平和、地域と世界の葛藤を克服すべき認識論的方法論であった。

実存は本質に先立つというサルトルの解釈によれば、人間が自己を見るということは、自己を包んでいた他者をも同時にみなければならない人間存在であり、その自己を見る私はすでにあらぬところものに巻き込まれていなければならない存在なのだ。それは人間存在が政治的社会的かつ歴史的にあるべき構造的存在であった。

「万人の万人に対する戦い」

かつてホッブスは人間の自然状態における「万人の万人に対する戦い」を自然権として認識したが、その自然権の一部を放棄することによって相互契約を結び、人々を代表する一つの意志に服従するという国家と主権を考えた。人間の生命・自由・財産の保障と国家の原理である。人間の高慢と虚栄を屈服させる力こそ「リバイアサン」という国家の存在であった。

ホッブスは旧約聖書を研究して『リバイアサン』を著《あらわ》した。リバイアサンは旧約聖書の『ヨブ記』四〇章二五節から四一章にかけて登場する怪獣である。『ヨブ記』は神と人間の対立、人間の傲慢と奢り、神の偉大さと人間の神への従順を描いた。人間とはなにかとヨブは神に訴える。「なぜあなたは人間を大なるものとして、これに心を向けるのか」とヨブは神に問う。

ヨブほど地上で、無垢で正しく、神を畏れ、悪を避けて生きてきた人間はいない。神はヨブを承認している。しかしサタンの「利益もないものに神を救うか」という誘いの言葉に神は「お前のいいようにするがよい。財産を奪ってもよいが、ただ命だけは奪うな」と言ってヨブをサタンの好きなようにさせた。サタンはヨブに手を下し、頭のてっぺんから足の裏までひどい皮膚病にかからせたのである。ヨブの神に対する訴えに対して神は答える。

「私が大地を据えた時お前はどこにいたのか。お前が海の底を巡ったことがあるか。お前は岩場の山羊が子を産むときを知っているか。鷹が翼を広げて南に飛ぶのはお前が分別を与えたからなのか。全能者と言い争うものよ、神を責めたてるものよ、答えるがよい」

人間を造ったと自負する神は、人間には絶対手に負えない怪獣も造ったとヨブに思い知らせる。その怪獣を支配するものは地上になく、怪獣は驕り高ぶるもののすべて見下し、すべての上に君臨しているとヨブに宣言する。ヨブの屈伏は当然である。ここで神がヨブに向かって責める事柄は、神羅万象に関するいわゆる自然科学の知の一切であるからである。旧約全体のなかでこの神の概念は、幾多の神概念の変遷のなかで極めて特徴的である。

ホッブスとデカルト

ホッブスはオクスフォード大学を卒業後、ヨーロッパに旅行したが、すでにケプラーやガリレオの活躍を知っていたし、一六三四年にはガリレオにも会った。しかしその前年ガリレオは教会の圧力で地動説を撤回していた。デカルトはローマ教皇庁によるガリレオに対する異端尋問の有罪判決を知って予定の出版を断念したが、四年後の一六三七年に『理性をよく導き、諸学における真理を探究するための方法序説』を出版した。しかしガリレオはアルチェトリに幽閉され、両眼を失明したのち一六四二年に病死した。

ホッブスはガリレオの自然科学とイギリスの経験哲学から独自の形而上学的唯物論を展開した。ホッブスが訪れた時ヨーロッパではすでに魔女裁判が吹き荒れていた。一六四九年にはデカルトにも会見した。その年の末デカルトはスウェーデンのクリスチナ女王の招請でストックホルムに移住したが、肺炎にかかり、翌年の二月一一日に五四歳の生涯を終えた。

ホッブスにとって、自由は拘束と強制からの自由であって、ただ抽象的な自由ではなかった。そして客観的な善悪も存在せず、善とは生きる力の原点となっている人間が生まれながらもっている自己保存へのかぎりない欲求であった。

ただ一般的な善悪の基準があるとすれば、それは国家を通して設定されるものであった。ホッブスが聖書から学んだのは、一種の性悪説であったが、人間の本性を構成する欲望であった。しかし旧約聖書は人間が偶像を信じることによって受ける神からの罰の物語で満ちている。

ノアの箱船

ノアはレメクが一八〇歳の時生まれた。ノアはアダムの子セトから九代目であった。それぞれ八〇〇年から九〇〇年生きた。神の呪いを受けた大地で働く手の苦労を、慰めてくれるだろうという意味のノアという名が付けられた。ノアが六〇〇歳のときに洪水が四〇日間地上を覆った。一五〇日の後にノアの箱舟はアララト山に止まった。カラスを放したが、カラスは出たり入ったりした。

こんどは鳩を放した。しかし鳩はすぐ戻ってきた。それから七日目にまた鳩を放った。夕方になって鳩はオリーブの葉をくわえて戻ってきた。ノアは息子や妻や嫁とともに外に出た。焼き尽くす献げものとして清い家畜と清い鳥を祭壇の上にささげた。神はその香りをかぎ、心地よくなり、次のように言った。

人に対して大地を呪うようなことは二度とすまい。人が心の思うことは、幼い時から悪いのだ。

アブラハムはノアの子、セム・ハム・ヤファテのセムの系図に入る。アブラハムはテラが七〇歳の時に生まれた。テラはナホルの子で、ナホルはセレグの子である。セレグはレウの子でレウはベレグの子、ベレグはエベルの子でエベルはシェラの子である。シェラはアルバクシャドの子で、アルバクシャドはセムの子である。セムが一〇〇歳の時、アルバクシャドが生まれた。洪水の二年後であった。

ソドム崩壊のさいの神とアブラハムとの会話は象徴的である。アブラハムは町に五〇人の正しい者がいても、その町を滅ぼすのかと神につめよる。もしソドムの町に正しい者が五〇人いるならば、その者たちのために町全部を許そうと神は言う。アブラハムは自信がないので、五人足りなかったとしても滅ぼすのかと聞く。四五人いれば滅ぼさないと神は答える。それでもアブラハムは四〇人しかいないかもしれないと自信がない。ついにアブラハムは一〇人のためにソドムを滅ぼさないという約束をとりつけるが、ソドムは滅んだ。

イエスとペテロ

イエスが死刑の判決を受け、十字架にかけられる直前の尋問の場面は次のようである。夜が明けるとすぐ、祭司長たちは長老や律法学者たちとともに最高法院全体で相談したのち、イエスを縛って総督ピラトに渡した。

ピラトはイエスに「お前がユダヤの王なのか」と尋問すると、イエスは「それは、あなたが言っていることです」と答えた。そこで祭司長たちが、いろいろイエスを訴えた。ピラトがふたたび「何も答えないのか。彼らはあのようにお前を訴えているのに」

しかしイエスは何も答えなかったので、ピラトは不思議に思った。イエスは二度「それはあなたが言っていることです」と言った。最初は総督ピラトに連れてこられる前の最高法院で裁判を受けたときだった。

イエスはユダに裏切られ、大祭司カイアファのもとに連れてこられた。最高法院の全員はイエスに不利な証言を求めた。最後に二人の者がきて、この男は神の神殿を打ち倒し、三日あれば建てることができると言った。この男とはイエスのことである。

「お前は何も答えないのか、この者たちはお前に不利な証言をしているが、どうか」と大祭司のカイアファが言った。イエスは黙り続けていた。「生ける神に誓って我々に答えよ。お前は神の子、メシアなのか」と大祭司は言う。

「それは、あなたが言っていることです」とイエス。しかしピラトに尋問されたときと違い、「あなたたちはやがて、人の子が全能の神の右に座り、天の雲に乗って来るのを見る」と付け足した。大祭司は自らの衣を裂き、群衆は死刑だと叫んだ。ある者はイエスを平手で打ち、メシア、お前を殴ったのは誰か、言い当ててみろと罵った。

すでにイエスはフィリポ・カイアサリア地方に行ったとき、自分は何者かと弟子たちに聞いた。シモン・ペテロは「あなたはメシア、生ける神の子です」と答えている。それに対して、イエスはあなたにこのことを現わしたのは、人間ではなく、私の天の父だと答え、自分がメシアであることを誰にも話さないように命じた。

ペテロとイエスとは次のような場面もあった。イエスは弟子に向かって、自分はエルサエレムで必ず長老、祭司長、律法学者たちから苦しみを受けて殺され、三日目に復活するだろうと打ち明けた。

ペテロはイエスに向かって「とんでもないことです。そのようなことはあってはなりません」

と言ったが、イエスはペテロに向かって言った「サタン、引き下がれ。あなたは神のことを思わず、人間のことを思っている」

聖書の中で衣を引き裂く行為は『マタイ伝』のほかに旧約の『サムエル伝』『ヨシュア記』『ヨブ記』『創世記』などに出てくる。『サムエル記』ではサウルの自害を知らされたダビデが衣をつかんで引き裂き、共にいた者も皆それに従った。『ヨブ記』では遠い国からやってきた友人が、ヨブの変わりはてた姿を見て嘆きの声を上げ、衣を引き裂いて天に向かって塵を振りまき頭にかぶった。

ヨブ自身も災難で息子や娘が死んだことを知らされて衣を引き裂いて髪を剃り落としたとある。また『創世記』三七章ではヤコブの息子たちは共謀して弟ヨセフを穴の中に投げ込んだが、殺すのをやめ通りすがったミディアン人にヨセフを売った。兄弟たちは知らぬ顔をして父ヤコブに血のついたヨセフの着物を送りつけた。これを見てヤコブは自分の衣を引き裂き、幾日もその子のために嘆き悲しんだとある。

さて、イエスの裁判の一部始終を見ていた弟子のペトロは、群衆の一人にお前はかつてイエスと一緒にいたと問いつめられ、ペトロはなんのことか分からないと言った。それからペトロは門の方に行くと大祭司の女中に同じようなことを言われた。ペテロは強く否定した。

人々が周りにあつまってきた。三度目にはペテロは呪いの言葉を口にしながら、「そんな人は知らない」と誓って言った。そんな人とはイエスのことである。ペテロは「鶏が泣く前に、あなたは三度知らないと言うだろう」と言ったイエスの言葉を思い出し、外に出て激しく泣いた。

黙秘権とは

『リバイアサン』でホッブスは人間の限りなく強い自己保存への欲求を、道徳の基本原理とした。人間は自分に有利な事物を善と見なすという考えはすでにモンテニューが『エセー』のなかで展開していた。ホッブスによると善と快楽は同一であった。

ホッブスは人が強い感情に引きつけられ、強い欲望を感じるのは、それが自己保存に役に立つからであり、情念が自分の生存を脅かすようなものを欲するわけがないと考えた。そのような自己保存の欲求は、生まれながら持っている絶対的な権利、つまり自然の権利と考えた。

日本国憲法の三三条一項には「何人も自己に不利益な供述は強要されない」とある。つまり黙秘権の事である。刑事訴訟法三一一条一項では被告人は終始沈黙して、また個々の質問に対して供述を拒むことができるとある。被疑者や被告人の任意の供述は、自己に不利益なる証拠にも、利益になる証拠にもなりうる。刑事訴訟法一九八条二項では、自己の意思に反して供述する必要がない旨を告げることができる。

黙秘権の基本原理は個人の尊厳にある。この尊厳はまさにホッブスが言うところの万人が有するところの生まれながらの自然権である。人間の限りない自己保存の欲求からすれば、真理を含めて嘘をつくことはありうる。ましてや、権力の強制・拷問や集団による私的制裁による本人の意思と自由を侵害することは許されない。任意性のない自白は証拠能力がない。

この黙秘権がホッブスの言うところの万人が生まれながらにもっている自然の権利だとすれば、法以前の人間の在り方と人間関係の根底が問題となる。ホッブスはこの自然権を各自が自分自身の自然すなわち生命を維持するために、自分の力を自分が欲するように用いるべく各人が持っている自由であるという。それはあらゆることを行う自由である。ホッブスによれば暴力や死は最大かつ最高の悪であり、「死の回避」こそが最高の自由であった。

この自由は外的障害があってはならない。この自由は阻止することができない。しかしこの誰にも与えられている万人の自然の権利が存続する限り、いかなる人間もその人間が生き抜くための安全は全く保障されていない。だからこそ人間は望みの合う限り、平和を勝ち取るべきだとホッブスは言う。

各人がその好むところを行う権利を保有しているかぎり、万人は戦争状態になるからだ。すべて自分にしてもらいたいことは、そのように他人にするべきだし、自分のしたくないことを他人に行ってはならないのだ。

暴力・差別によっても、すべて権利が保障されているわけではない。特に生命に関する場合がそうである。もし人が言葉か振る舞いで、あたかも「自由」を放棄したかのように見えた場合でも、その人の本来の意図と意思であると思ってはならない。このホッブスの考えは「何人も不利益な供述をされない」というフレーズに通じる。

つまり、万人に与えられている自己保存の原理によれば、最後に残されているのは自由の行使である。死に物狂いで生きるための自由には嘘も真実もあるのだから、暴力・強制による自白はこれを証拠にすることはできないことがわかる。

トルストイ

トルストイは一八二八年八月二八日、ヤースナヤ・ポリャーナ村で生まれた。一九一〇年一〇月二八日の未明に医師マコビッツキーを伴い家出したが、三一日の夕刻アスターポヴァ駅の駅長長官舎室に運ばれ一一月七日死んだ。アスターポヴァ駅はヤースナヤ・ポリャーナから約二〇〇キロ離れたリャザン・ウラル鉄道の沿線にある小さな駅であった。現在はトルストイ駅という。

一九一〇年というとマーク・トウェンの亡くなった年と同じである。トウェンの死後六年目に出版された『不思議な少年』でトウェンは「人間は自身の満足と安全のためには何でもする」というホッブスの思想を露わにしたが、その内容は二〇世紀の人々の死と恐怖におののくスターリン主義とファシズムと大量虐殺を予告するペシミスティックのものであった。

同時代のトルストイほど有名にはならなかったが、ロシアのナロードニキ作家で一八四三年生まれのウスベンスキーは、トルストイのことをヴェルヌの『海底八万キロ』をもじって「自分の周囲八万キロ」と揶揄《やゆ》した。トルストイは一八五二年に最初の作品『幼年時代』を発表した。二四歳の時である。

この作品は、一〇歳の誕生日を迎えた少年ニコライの平凡で平和な物語だが、すでに巨大な作家になるべき全貌を示している。『幼年時代』は存在の根拠を示す芸術作品としても完璧であり、人間存在の在り方を示す稀有な文学作品となった。文学作品が生まれる法則をこの幼年時代を思い出す作品は見事に示している。トルストイは今世紀の哲学がようやくたどり着いた世界内存在という認識論の世界を、ニコライという一〇歳の少年の物語に表現した。

サルトルは何故書くのか、誰のために書くのかと問いかけたが、トルストイがこの物語を書くまで、作家と名がつく人たちが誰もが試み、誰もが考えていた人間存在のモデルを描くのにトルストイのように成功した者はいない。またそれ以降もいない。それは二四歳の青年が一〇歳の少年の思い出を描くという時間の巡り合わせによって起きた一つの奇跡かもしれない。

トルストイの乳母は百歳まで生きたが、トルストイの少年時代から仕え、息を引き取るまでヤースナヤ・ポリャーナのトルストイ邸の片隅にある小さな小屋に一人で住んでいた。この乳母が一人ぼっちで納屋に寝ている時、時計が刻む「チック・タック、チック・タック」という音を「お前誰じゃ？　お前は何じゃ？　お前は誰じゃ？」と聞くことを常とした。トルストイは、いつかどうかでそれもかなり人生の早い時期にこのロシア語の「クトー・トゥイ？　シトー・トゥイ？　クトー・トゥイ？」という乳母の哲学を聞かされたのかもしれない。

この言葉は、トルストイ自身にとっても終生変わらない問いであった。トルストイのこのつぶやきは列車がレールの上を進行する時に発するあの心地よい振動と響きに似ている。しかしこの偉大な作家もいずれ途中下車しなければならなかった。トルストイの遺体は、長兄ニコライがヤースナヤ・ポリャーナの林の中に埋めたという「緑の杖」の近くに埋葬された。その「緑の杖」にはこの世の人々がみな幸せになれる秘密を発見したことが書きこんであるという。

お伽話のような話である。

国立国会図書館で……

いま私は国立国会図書館の新館のホールにあるソファに寝そべっている。寝そべっているとはいっても横になって寝たりはしない。足を軽く伸ばして首をソファの上端にのせて顔を上向き加減にする程度だ。しかしこのような様子を石渡先生に見られたらまずいと私は思う。いつか先生はいつものように背広にネクタイ姿で、このホールを横切って雑誌の複写カウンターの方に静かにソロソロと歩いて行くのでないかと、ふと思う。

この新館のホールは四階まで吹き抜けの小学校の体育館ぐらいの広さだ。天井は傾斜して北側の高い部分はガラス張になっているので、このホール全体は明るく居心地がよい。五人掛けのソファが、いま私は座っているソファを含めると七ヵ所にある。私が陣取るソファは南側の壁を背にした五人がけの右端だが、その二メートル先は二階に通じる階段になる。

東側の壁は池田満寿夫の創作したピカソ風のコラージュが壁の大半をしめている。大きさは縦一〇メートル、横四・五メートルはある。一九八六年に新館開設の際にこのホールの壁掛けにしたことが創作年譜でわかった。題は『天の岩戸』という。北側は直径一メートルを超すむき出しの丸いコンクリートが六本、天井まで突き抜けている。まるで峡谷にかかった橋脚のようだ。

南側の階段を上ると前方にレファレンスサービスのカウンターとその向こうにガラスで仕切

られた中庭がよく見える。左手には雑誌目録が乗った台が所狭く設置されている。その奥の壁際にそって雑誌検索のCD-ROMが二〇台前後並んでいる。

振りかえって見ると先に入ってきた新館入口だ。一人の職員が入館証を受け取り、もう一人がカードを渡す。二人の職員にいつも制服制帽のガードマンが付き添っている。レファレンスサービスの低いカウンターテーブルで囲った内側の席には二人の職員が閲覧者の質問やその他のことに対応している。

男女ペアの時もあるし、男同士、女同士の場合もある。そのレファレンスサービスの斜め五メートルほど前の壁際にも吹き抜けホールと同じ五人がけのソファが一つ置いてある。そこは少し暗いが居心地は悪くはない。

最近は競争相手が増えてきた。新館入口から入ってきた閲覧者はかならずこの前を通るので、結構人の通りは多い。私はかまわずうたた寝をする。しかし新館入口の二人組の職員からここが丸見えなのがわかったので、最近はここで眠るのはよほどのことがないかぎり止めにした。

昨日などはどのソファもほぼ満席だった。ついに四階の雑誌閲覧室の一番奥の八坪ぐらいの部屋に同じようなソファを置いてあるのを思い出して行ってみたが、五人掛けのソファに一人ずつ陣取って気持ちよさそうに眠っていた。ここは喫煙室も兼ねているので早々に引き上げた。

当時私は大腸の手術後のこともあり、午前中の早い時間に新館の喫茶室でトコロテンをよく食べていた。トコロテンを注文すると店の女性が二回ほど私の顔を見て笑った。「午前中はトコロテンを注文する人はいないの？」と私は聞く。

まずいないということがその髪をおかっぱ風にした年齢不詳の女性の答えでわかった。背は低いが人のよさそうな女性だ。他に三人の女性がいる。一人は二〇歳前後の茶髪女性で、もう一人は痩せぎすの美人だ。滑るように店内を歩いている。もう一人はレジの周辺にいるがレジ専門でもない。店の天井は低く少し暗い。トコロテンを食べたらほとんど吹き抜けのホールのソファで一休みする。

昼食をとるときは旧館三階のカギ型の喫茶室でカレーかスパゲティを注文する。たまにはミニサラダを取る。カレーとミニサラダで四九〇円だ。大盛のカレーだと五〇円追加で四〇〇円だ。レジの女性はたえず交替するが、知っている女性もいる。彼女がレジ係を交代してカレーを運んでくる。

私が座った席からは旧館入口の様子がガラス越しによく見える。石渡先生と食事をするときもこのあたりだ。カレーを持ってきた彼女に「長いですね」と私。「おかげさまで」と彼女。そこからかつての社会党文化会館や皇居の土手や半蔵門から三宅坂に下る道路を眺めることができた。いまは新館のかげになって東側半分と北側はまるで見えなくなった。東側の樹木も知らぬ間に鬱蒼と成長した。

なつかしい。しかしここにもあまり長居はしない。眺めが悪くなったせいもある。先の階段を降り、図書カウンターホール正面に出る。その中央出納台背後の天井ちかくのコンクリートの壁に「真理がわれらを自由にする」という言葉が刻まれている。アルキメデスの言葉だろうか。「自由は真理の根拠である」（サルトル）とすべきだと、私はつぶやく。

図書の請求・出納はこのホール正面のカウンターで行われる。電光掲示版に入館証カードの番号がでる。館内のあちこち設置されているモニターにも表示されるので、カウンターの前の座席で待つことはないが、いつも座席は出納を待つ人でいっぱいだ。

『キュミレイティブ・ブック・カタログ』

このホールのなかに明治期の刊行図書から現在までの図書カード目録、CD-ROMの検索機がおいてある。CD-ROMはホールの北側に左右二ヵ所にそれぞれ二〇台設置されている。ここはいつも満席だ。検索機の反対側の南側には洋書カード目録と世界各国の国立図書館の冊子目録がガラス戸で仕切った図書棚に並んでいる。

グリーン色の堅表紙で覆った米国議会図書館の『ユニオン・カタログ』は壮観だ。A3判約七〇〇頁前後の目録が八〇〇巻も並ぶ。ニューヨーク・パブリック・ライブラリーの『ディクショナリー・カタログ』の八〇〇巻も凄い。ウイルソン・カンパニーの『キュミレイティブ・ブック・カタログ』も驚異だ。ウイルソン・カンパニーは一八九〇年創立の民間の索引会社だ。

英国図書館の目録はかつてブリティシュ・ミュージアム・カタログといって大型判の濃紺カバー表紙で重厚な印刷と紙も素敵だった。いまはA4判と小さくなり、名もブリティシュ・ライブラリーとなった。いつからそうなったのかわからない。

私は昼食後このホールを取り囲む薄暗く少しひんやりした廊下を歩くのが好きだ。廊下の片隅に背もたれのない腰掛があちこちセットしてある。腰掛は赤か青の絨毯でカバーしたコンクリート製でシングルベットぐらいの大きさだが、高さはその半分だ。廊下とホールは厚いむき出しのコンクリートが天井から廊下までX型に遮り、その空間には厚ガラスとステンドガラスが菱形模様にはめ込まれている。

廊下を一回と半分ぐらい回ったところで北側の参考資料室に入る。辞典・年鑑・人物情報・会社年鑑や全国の電話帳まである。この北側の参考資料室は反対側の南になるが、東半分は一般の閲覧室になる。その真上の三階は一般研究室だ。廊下に沿った階段から三階に通じる。突き当りはトイレの隅の階段でも行けるが、一般閲覧者は進入禁止だ。この一般研究室も申込めば夜八時まで利用できる。資料請求も七時までだから通常より三時間も余裕がある。とにかくあまり混んだら、切り替えるのもよい。年間の来館者は四三万人で一日約一九〇〇人だという。一一月がピークで七月から一二月が集中するという。

「雄物川町広報」を見て……

昨日、雄物川町の広報が自宅に届いた。月一回送ってくる。全国の市町村ならどこでも発行しているような広報紙だがやはり手にとってみる。知っている名前が一人か二人は必ずでてくるから懐かしい。お知らせコーナーの欄には六月現在の町の人口は男が五七〇四人で女が六〇四五人とある。

火災が一件で、救急車が出動したのは二〇件だ。交通事件は九件だが死傷者はなかった。それでも飲酒運転違反は三人いたという。数日後、雄物川町役場に勤務している隣家の新作さんに問い合わせたら、昭和三〇年前後の人口は男女合わせて一万七九九七人とわかった。四五年経って六二四八人減ったことになる。

今回のニュースで大変ショックを受けた。去年上京した二年先輩の福岡トモ子さんから雄物川橋が壊されるということは聞いていた。広報には「さよなら雄物川橋」とある。七月一一日の「お別れイベント」には一〇〇〇人の人が集まり、別れを惜しんだという。雄物川橋の風景や子どもたちや老人たちが写ったカラー写真が九点ほど載っている。

子どもたちの顔は無邪気だ。最後の九点目の写真は三吉山の頂上から撮った風景だが、土手と田圃と遠くに見える村々のあたりに「雄物川橋を題材にした写真、絵画、短歌、俳句，詩などの作品募集」という文字が刷り込まれている。

そして写真下のキャプションには「雄物川橋は、私たちの心の中に生き続けます」とある。いつごろ撮った写真だろうか。川の水量も多いし、手前に写っている樹木の芽もまだふいていないようだが、松の木の間から山桜のような花がのぞいている。すると四月の中頃かもしれない。

橋は明治二六年に木造橋で掛けられた。私の父千代吉が生まれた翌年に当たる。明治六年というと一八九三年だから一〇〇年を超す。木造からコンクリート橋に変わったのは昭和三二年だから、私はまだ横手高校に在学していたころだ。当時のことはすっかり忘れている。もう四三年になる。上流に新しい橋ができたにしても、とにかく惜しい。どうにかならなかったものかと思う。

ソファで居眠りする老人

「どうにかならなかったものか」と、私はつくづく思う。私はソファに持たれかけながら何回かつぶやいていると、次第に気持ちが和らぎ落ち着いてくる。前方のソファに一人のスリムな色白の老人が少し口をあき加減にして静かに眠っている。

ソファと後頭部の間に白い薄い小さな座布団のようなものを挟んで、胸元の一冊の本らしきものを右手で押さえている。持参したものか図書館で借りたものかわからない。座布団は枕のようにも見えるが、いずれにしてもここで居眠りするためにわざわざもってきたものだろう。

いままで老人が歩いている姿を見たことはなかったが、一昨日私が二階から一階のホールへの階段を降りる時に、老人がよろめきながら上ってきた。もう帰るのだろうか。老人が私と行き交ったが、老人の階段を上がる姿を私は振り返って見なかった。ヴィム・ベンダーズの映画『ベルリン天使の歌』に老人ホメロスがつぶやくシーンがあった。老人ホメロスが図書館を出てポツダム広場を彷徨《さまよ》う姿が印象的だ。

老人ホメロスは雑草が高く生い茂る荒廃した広場に放置されているソファにもたれ物思いにふける。日本の老人も枯木のように痩せていた。それでも私はこの図書館の吹き抜けのホールでうたた寝をすることが大好きな老人にホメロスの『イリアス』をつぶやいてもらうことにしたら、何が良いだろうかと迷う。

怒りに身をまかせたアキレウスが愛する女を横取りしたアガメムノン王を罵る冒頭の場面も

よい。老王プリアモスが息子ヘクトールにトロイの城壁から出てアキレウスと戦わないように説得する場面も悲しい。

女神がのりうつったアキレウスの槍が、ヘクトールの青銅に覆われていた、しかしわずか鎖骨のところだけ空いているところから喉笛にかけて貫き通る。その砂塵に倒れた息き絶え絶えの体でヘクトールはアキレウスに向かって、アキイア軍の船のかたわらに晒し鳥や犬の餌食にさせるようなことをしないで、父に自分の遺体を渡すように懇願するところは凄まじい。

ヘクトールを討ったアキレウスがヘクトールの足の腱に穴をあけ、それに牛の皮でつくった細い紐を通して、戦車の後部に繋ぎ、頭はひきずられるままに戦車は狂ったように走り回る。ヘクトールの体は砂塵にまみれ、城壁から眺める父母の絶叫はこの上もない。

ヘクトールの遺体を引き取りにきた老王プリアモスのためにアキレウスは存分泣き明かした上、ホメロスはこの場面を腹の底からも、手足の筋々も悲嘆の心から抜け落ちると表現している。そのアキレウスは、老王の手をとってなぐさめの言葉をかける。

ヴィム・ベンダーズが描く老人が語るように英雄や戦闘の語り部は無用になったのかもしれない。老人ホメロスは震える手でアウシュヴィッツの写真集を一枚一枚めくっている。平和の語り部が必要なのだ。しかし語り部がいなくなった現代、子ども時代もなくなったと老人は嘆く。ベンダーズの老人はいかなる時代のどのような子どもをイメージしたのだろか。トルストイは『幼年時代』のニコライは恋する少女の前でダンスのステップを間違って死ぬほど悔しがる一〇歳の少年だった。フォークナーは『響きと怒り』の冒頭で三三歳になる白痴のベンジャミンの手を引いて二五セント玉を探しながら雑草の茂る藪を歩き回る一四歳の黒人の少年ラスターを登場させる。

ラスターのぶっきら棒な言葉とベンジャミンの独白はいきなりこの小説の全貌を衝撃的に展開する。五歳の時、モーリーからベンジャミンに名前を変られたこの白痴の青年は、一八歳のとき少女たちにいたずらをして去勢され、三八歳でジャクソン州立精神病院に預けられた。牧場と大切な姉を失ったことだけしか思いだすことができない白痴のベンジャミンを通してフォクナーは何を語ろうとしたのだろうか。

「何をうめいているだよ、とラスターは言った。ほれ、ちょうせんあさがおの花をおめえにやるだよ。彼はその花をぼくにくれた。ぼくたちは板垣をぬけて囲い地に入った。おめえはそうやってうめいて、よだれをたらすのをやめることはできねえのかよ、ラスターは言った。こんなに騒ぎたてるだなんて、自分で自分が恥ずかしくねえのけえ。ぼくたちは馬車小屋のそばを通りすぎた」（『響きと怒り』大橋健三郎訳）

花の蔦がまきついた牧場の柵にそってノロノロと歩いて行く二人の様子は、私には永遠に思えてならない。英雄や戦闘の語り部がいなくなった時、どうして少年時代もなくなったのか。何故、老人が戦争と平和と残虐と子どもを語るのか。ではいつから子ども時代はなくなったのか。

平和と愛のための戦いはある。老人でも戦う。セルバンテスが描いた『才知あふるる郷士ドン・キホーテ・ラ・マンチャ』の早起きの老人は本を読みすぎて、遍歴の騎士となった。近所の田舎娘ドウルシネイアも、キホーテにとっては死をかけて守らなければならない尊敬すべき最愛の姫であった。

老人も愛のために戦うのか。戦うために愛さなければならないのか。なぜ老人が子どものように胸を躍らせて早起きしてはならないのか。かつて私はまだ日も上らぬ朝まだき頃、故郷の田圃で、瀬戸内海のある漁村の突堤で、痩せぎすの老人がたった一人で佇んでいるのを見た。私にはその姿はトロイの城壁から出て、青銅の鎧に身を固めて今か今かとアキレウスを待つヘクトールに思えてならない。

「アキレウスは、もうその間近にやって来た。その姿はエニューアリオスそっくりの、はためく兜の軍神である、右の肩にふるうは、ペーリオン山からのとねりこ槍で、そのものすごさに、あたりには青銅が燦爛《さんらん》として、さながら燃え盛る火か、さしのぼってゆく太陽の輝きにも似ていた」(『イーリアス』呉茂一訳)

夕刻になる。そろそろ私も図書館を出ようと思う。明日は私の誕生日だ。明日の入館証には二〇〇〇年七月二五日、林順治、六〇歳と記入することになる。

第二章　義経紀行──弁慶はエミシの末裔だった

◆はじめに

献辞

あなたは昭和九年一月二〇日、父千代吉と母サタの八番目の子として生まれたので八重子と名づけられ、兄六人、姉一人、弟三人のなかで育ちました。あなたは二〇〇〇年九月一四日亡くなりましたので、兄弟姉妹のなかで福地村深井で生まれ、深井で亡くなるのはおそらくあなた一人になるでしょう。母サタが一一人の子を等しく思いやったように、あなたもまた兄弟姉妹のことを一人一人心配しました。私たちはあなたを通してこそ父や母やあなた自身が生まれたこの土地の人々と深くつながることができたのです。

郷里の今は亡き姉八重子に捧げる。

末弟　ジュル

驚天動地の波紋

一冊の本から受けた影響は大きい。その本の名は『応神陵の被葬者はだれか』という。増補新版は『百済から渡来した応神天皇』に書名が変わった。いまから一四年前の一九八九年の四月ころであった。「都内の高校教師を途中退職して今は札幌にいるが、古代史研究をしている人がいるので原稿をみてくれないか」と、著者仲間の一人M氏に勧められ、M氏と一緒に都内のホテルで会ったのが石渡信一郎先生であった。

先生は既に『アイヌ民族と古代日本』という私家版の本を出版していた。教師を辞め札幌に移住したのはアイヌ民族の研究のためであることがあとでわかった。以来、私は二〇〇一年まで毎年ほぼ一冊の割合で一二冊の本を私が勤める出版社で刊行することになった。

『応神陵の被葬者はだれか』はその緻密な研究と数々の発見によっても、日本古代史学界に大きな波紋を呼び起こすはずであった。しかしいまだに古代史学界とその周辺は鳴りを潜《ひそ》めている。「隠れているもので現れないものはない」という箴言もある。ようやく、ここ二、三年の間にこの箴言を証明するかのように、ある哲学畑の学者がかなり満足すべきエッセイ風の解説書が出すようになった。この時節、知と認識の問題を扱うプロフェッサーの提言は意味深長だ。

私は二度目に石渡先生と会ったのは、『応神陵の被葬者はだれか』の執筆依頼のため札幌を訪れた時だった。先生と東京の山の上ホテルで会ってから五ヵ月ほど経っていた。私は飛行機に乗るのがどうしても嫌なので、上野発七時の新幹線を利用して盛岡から在来線を乗り継いで夕方六時ごろ札幌に到着した。その日は終日秋晴れであった。

私は一ヵ月前に先生から送られてきた私家版『日本古代王朝の成立と百済』と数冊の気に入った本をもって電車に飛び乗ったのである。旅行によくある解放されたウキウキした気分も程よく持続し、読書と移り行く窓外の景色を眺めるのと居眠りを繰り返しながら、飽きることのない車中をすごすことができたのは不思議である。

翌朝、ホテルの一室で私は先生と会った。ほぼ一通りの会話が終わりかけたころであった。先生は「今度出る本はきっと驚天動地の波紋を呼び起しますよ」とポツリと言った。「驚天動地」というめったに聞くことはないが、なぜか心地よい響きをもつこの過激な言葉が、寡黙な初老の紳士の口から洩れたのに驚き、私はあらためてこの人物の顔をまじまじと見つめた。

しかし先生は何か別のことを考えている様子であった。その宙を見据えているような穏やかで優しい表情をみて、「きっと何かが起こるにちがいない」というい いままで経験したことのない、沸き立つような気力を一瞬感じたのを忘れることができない。

その時私がイメージしたのは、突如浦賀沖に姿を現した黒船の姿だったかもしれない。あるいは風に乗って空高く舞い上がる数羽のトンビが獲物をみつけて競い合いながら急降下する姿だったのかもしれない。

加羅系と百済系の渡来集団

さて本書は、平安末期から中世にかけての話を中心にしているが、日本古代王朝が新旧二つの朝鮮半島から渡来集団によって成立したという驚くべき史実を前提としている。大阪府羽曳《はびき》野《の》市にある全長四二五メートルの巨大古墳は応神陵とも誉田《ほむた》陵とも呼ばれるが、堺市の仁徳陵に次ぐ日本最大の古墳の一つである。

応神陵の被葬者は百済王二一代の蓋鹵《こうろ》王（在位四五五—四七五）の弟昆支《こんき》王である。昆支は四六一年に倭国に渡来して加羅系崇神王朝の入り婿となり、崇神・垂仁＋倭の五王「讃・珍・済・興・武」の「武」として「興」の後を継いで四七八年倭国王となった。そして四九一年には百済系倭王朝の初代大王となったのである。その名は武《たける》大王とも日十《そか》大王（隅田八幡鏡銘文）とも呼ばれた。

この王朝は先陣の加羅系渡来集団を母体とする百済系渡来集団による国家であったので、倭国始まって以来の強力な王朝となった。継体（隅田八幡人物画像鏡銘文の男弟王）も崇神王朝の入婿になった昆支王の弟である。

そもそも昆支や継体が入婿として入った崇神を盟主とする加羅系渡来集団は、北部九州の邪馬台国を滅ぼし瀬戸内海沿岸を東進して四世紀中ごろ三輪山山麓の巻向《まきむく》の地に都を建設した王朝である。この渡来集団は五世紀前半から後半にかけて東北地方南部まで進出していた。古墳時代前期の前方後円墳から出土する三角縁神獣鏡は彼らが埋葬した鏡である。

昆支大王による倭《やまと》王朝の出現によって加羅系から百済系への王朝交替、そして百済系内部の兄昆支（応神陵）系と弟継体（仁徳陵）の王位継承をめぐる対立・抗争は物部・中臣・安倍・毛野・大伴など加羅系の勢力を巻き込んで熾烈を極めた。

大王位は昆支から継体・欽明・敏達へと継承されたが、昆支の晩年の子ワカタケル大王（稲荷山鉄剣銘文）こと欽明は、五三一年の「辛亥の変」で継体天皇とその子の安閑・宣化を殺害して加羅系集団の勢力地盤の関東・出雲・北部九州に楔《くさび》を打ち込んだ（稲荷山鉄剣銘文の辛亥年は五三一年）。

ワカタケル大王（欽明）はさらに父昆支を大東加羅《アスカラ》の始祖神として祀り、全国的なイデオロギー支配を確立したのである。欽明が天下に轟きわたるアメクニオシハラキヒロニワ（天国排開広庭）と呼ばれる所以である。

欽明の子馬子（＝用明天皇）が敏達天皇の皇子彦人大兄《ひこひとおおえ》を殺害して昆支系の蘇我氏（馬子・蝦夷・入鹿）は完全に王権を独占した。その上大王馬子は倭国に仏教を導入した。西暦五九〇年代から六二〇年代（中国は隋の煬帝の時代）の話である。馬子は推古天皇三四年、六二六年に亡くなり飛鳥の桃原墓（石舞台古墳）に埋葬された。

六四五年の乙巳《いっし》のクーデタ

六四五年の乙巳《いっし》のクーデタ（大化の改新）が、馬子によって孤児となった田村皇子（舒明天皇）の子中大兄皇子と加羅系残存勢力で祭司氏族の一人中臣（藤原）鎌足との結託による王権奪回が行われたのは自明のことである。

蘇我王朝（馬子・蝦夷・入鹿）は完全に覆滅され、馬子の墓も暴かれた。このクーデタ成功派と天武（母は馬子の娘法堤郎媛、天智の異母兄）は、アマテラス大神を創り、八幡神こと大《あ》東加羅《すから》の神（祭神は応神天皇）を排除した。

隋書倭国伝に記録されているアメノタリシヒコである大王馬子は抹消され、熱烈なる仏教信者であった大王馬子の分身・虚像として聖徳太子が創作された。ちなみに隋書倭国伝とは、中国の正史『隋書』の中の「東夷伝」に日本（倭国）の実情が記録されている。すなわち六〇〇年以来四回の遣隋使や推古天皇の治世の記録のことをいう。

さらにクーデタ成功派は律令国家の創草期に日本書紀と古事記を編纂、日本古代国家はかぎりなく太古の昔から日本列島に居住していた単一の民族によって造られたという皇国の神話を作り上げることに成功した。

蘇我飛鳥王朝の存在は史上から抹殺され、そのかわりに創られた聖徳太子信仰は中世初期には天台座主の慈円（『愚管抄』の著者）や比叡山天台系の親鸞などによって澎湃《ほうはい》として復活したことは歴史的事実である。

この倭国の古代王権を貫く二重性の意味は重大だ。先人の加羅系渡来集団が後の渡来集団の百済系に駆逐されながら、百済系渡来集団同士の王権内部の対立・抗争から排除され疎外されたグループと合体（中臣氏＋継体系中大兄）する構図は、最初の宗教が後の宗教に駆逐されながら、後にその最初の宗教が後の宗教を吸収して姿を現し勝利するというフロイトが指摘する宗教発生の持つ仕組みと酷似している。

倭国の最初の宗教がどのようなものであったのか、いまはわからない。第一の二重性すなわち民族の一方の構成部分が心的外傷の原因が認められている体験をしているのに、他の構成部分はこの体験に与からなかった事実の必然的結果であると指摘したフロイトの仮説は驚嘆に値する。

六四五年のクーデタ以降の皇位継承は天武・天智兄弟の継体系同士によって争われた。しかし六七二年の壬申の乱で天武が天智の子大友皇子に勝利して、天武とその子草壁、その子文武、祖孫の聖武が後の皇位継承権を掌握したが、その中間は持統・元明・元正の女帝で繋ぎ、天武系の皇位を辛うじて継承した。

かれらは四天王に護持された金光明最勝王経をもとに東大寺を総本山として全国に金光明四天王護国之寺と法華滅罪之寺を建立した。いわゆる国分寺と国分尼寺である。金光明最勝王経は中国激動の五胡十六国時代に育まれ、北朝の北魏や南朝の梁の武帝（生没四六八～五四九）のもとで成長し、隋・唐時代に完成した東アジアの王権神授説である。天武系の王朝は光仁天皇（桓武天皇の父）の即位まで続いた。光仁・桓武天皇以降は天智系によって皇位継承が独占された。

エミシ侵略三八年戦争の捕虜

光仁・桓武は七七四年から開始したエミシ侵略三八年戦争に、のべ二五万人の兵力を動員して一〇万人余におよぶ俘囚と戦争奴隷を生んだ。桓武天皇には、「壬申の乱」以降の約一〇〇年間続いた東国における天武系の政治経済の勢力基盤を大きく塗り変えようとする意図も背景にあった。

俘囚は全国に配置され、警備・清掃などに使役された。彼らは天皇の下賜品として貴族・将軍・大寺社にも分け与えられた。エミシ侵略戦争が終わり、平安京も完成した数年後の八一五年前後に検非違使庁《けびいしちょう》が設置された。検非違使は天皇の直属機関として犯罪者の逮捕・処罰の権限をもち、宮廷行事・法会《ほうえ》の準備、道路の清掃・警備を担当した。検非違使はこれら末端の仕事に河原者・散所・清目などエミシ系官賤民を使役した。

弁慶が検非違使の下部《しもべ》として働いた放免か大寺社の堂童子に違いないという破天荒な想念に筆者はどうしても行きつくのである。源義経は一ノ谷の戦いで大勝利した清和源氏の孤児であった。この功績によって義経は後白河天皇から検非違使尉《じょう》（判官）に任じられた。

これが頼朝の激怒をかったのだが、弁慶は義経が判官になった時期に義経に遭遇した可能性は高いと、私は思う。しかしこの私の想定がはたして妥当なものであるかどうかは、この本の読者諸氏の理性に委ねる。私はこの厚い本を手にしていただいただけでも感謝の至りである。

親愛なるわが友へ

郷里の福地村深井に近い横手で私のために出版パーティを開いてもらえると聞いて、何故かとてもうれしい気持ちです。あなたも快く賛成してくれたことに心から感謝しています。比叡山を追放された弁慶のように故郷を出た乱暴者の私にとって、横手というとただ気持ちだけあせって成績もかんばしく上昇しない鬱々と過ごした高校生活や母と姉が入院した平鹿病院の悲しい思い出と結びついています。

「こんど出る本の中身を教えてほしい」というあなたの要請に応じて、早起きしてワープロのキーを叩くことなど考えもしなかったことです。あのころは精神的にも肉体的にもとても不安定な状態で勉学に集中できなかったことを告白します。しかもすでに日本は高度成長社会を迎えつつあったのでしょう。地方の高校も想像以上の受験勉強に巻き込まれていった時期でした。人生は本当に短いものです。四〇年前のこともつい昨日のように思い浮かびます。赤坂離宮が国立国会図書館だったころ、ともに大学受験に失敗したその日の夜、四ツ谷駅から赤坂離宮の東側を通る外堀通りの百合の木の街路樹の下を紀尾井坂の方に曲り、清水谷公園から麹町の方に歩きながら「存在の故郷」のことを熱っぽく語ったことを忘れることができません。

そして今まだなお互いに関心の所在が変わっていないことを思うと、つくづくあなたとの縁を感じている次第です。あなたは新宿の富久町のアパートの一室を借り、私は四ツ谷左門町の長兄の家に居候していましたので、四ツ谷駅での待ち合わせが都合よかったのですね。

ちょうど起きたばかりでやや寝ぼけ状態です。気楽に伝えたいと思います。なんと早朝三時です。昨晩はドイツ対サウジアラビアのサッカーを見ていました。かつての福地村と沼館町の野球試合を思い出して途中から見るのをやめました。沼館町の中学校は全県で優勝するほどの野球チームでした。福地中はよく三回のコールドゲームで負けました。ましてや県南の平鹿地区大会予選の抽選で横手一中などが対戦相手になるとそれは恐ろしいものでした。

そのことも横手のほろ苦い思い出と繋がっているようです。ただがむしゃらに投げたカーブの後遺症のためか今でも背中が痛みます。郷里を出て以来この痛みが去ったことはありません。あるいは野球のせいではないのかもしれません。小学生の高学年のころ「大勝利」という遊びで電柱に衝突して左手首を捻挫したことがあります。その治療をいい加減にしたせいだと思ったりします。興奮したり、身体を冷やしたり、疲労が重なったりすると左手首から肘・肩にかけて重苦しい痛みを感じるからです。

それから中学生になった年の冬にスキーをはいたまま氷が薄くはった深い沼に転落して全身ずぶ濡れになったことがあるのですが、その翌日から高熱で一週間ほど学校を休みました。あの熱がよく一二、三歳のころによくかかると言われているリュウマチ熱ではなかったかと思ったりするのです。

深井や南形の同級生たちが五、六人で見舞いにやって来て、私が寝ている枕元で神妙な顔をして膝をついていました。その時はとても穏やかで優しい気持ちになったことを思い出します。しかしこうして特別な障害もなく生きてきたのですから私はこの痛みを「故郷の痛み」とか「存在の痛み」と自ら称しています。

弁慶はエミシの末裔だった

さて、『義経紀行』のことですが、正直言ってそう簡単ではないですが、できるだけわかりやすく伝えたいと思います。うまくできるかどうかわかりません。いずれ纏めなければなりません。しかし一度では無理です。読んでもらえばわかるのですが現物がありません。初校ゲラが出てくるのが今月の半ば頃です。

結論を言うと、この本は「弁慶はエミシの末裔だった」という想定に基づいていることです。この想定は石渡信一郎の説をベースにしています。同封のチラシ（案）と、「読者の皆様へ」

のコピーを参考に読んで下さい。おそらく弁慶は桓武天皇のエミシ侵略三八年戦争時に捕虜として連行されたエミシの末裔と考えられます。弁慶自身は放火か略奪かの罪で一度か二度は獄に入れられた可能性があります。

弁慶は獄を出てからは検非違使の尉に任じられた義経の下で働き始めたのだと思います。検非違使は天皇の直属機関ですから、弁慶の勇猛と知恵は後白河法皇の耳に入っていたのかもしれません。後白河法皇が義経に紹介した可能性があります。木曽義仲との法住寺合戦の時に後白河法皇の集めた軍勢は飛礫《つぶて》、印地《いんじ》、いうかいのない無頼《ぶらい》の乞食坊主の類なので、『平家物語』の語り手もあきれはててています。

おそらく弁慶はこのような無類の輩《やから》の一人だったのかもしれません。この法住寺合戦では木曽義仲によって後白河勢は六三〇人も鴨川の河原で処刑されています。こんな具合ですから、今回の私の本は従来の単なる義経物語ではありません。またすでに認められているものを書いても陳腐なものになります。

義経に関しての史料は極めて限られています。『平家物語』『吾妻鏡』『義経記』『源平盛衰記』や九条兼実の『玉葉』などです。この九条兼実は父が関白藤原忠通で、弟が比叡山天台座主の慈円です。この慈円が『平家物語』をプロデュースしたという話は信頼できます。藤原忠通の父は忠実でやはり関白でした。

この忠実が藤原の氏長者を嫡子の忠通ではなく弟の頼長に譲ろうとしたことで保元の乱が起きています。『義経記』の弁慶物語に登場する数少ない実在の人物である師長《もろなが》はこの頼長の子です。師長は琵琶《びわ》の名手で琵琶に関する専門書も残しています。弁慶物語は熊野別当弁せうが師長の許嫁《いいなづけ》の姫を略奪して弁慶を生ませるというとんでもない話なのです。

『義経記』の成立

『源平盛衰記』は『平家物語』を膨らましたものです。謡曲・浄瑠璃・歌舞伎の義経・弁慶ものは何百とありますが、室町時代の末から江戸時代にかけて作られたいわゆる判官ものです。しかし義経について史料がわかっているのは、義経が黄瀬《きせ》川の宿で頼朝に対面してから衣川の館で自害するまでの一一八〇年から一一八九年の約九年間、義経が二二歳から三一歳までの期間です。

義経は一一五九年の平治の乱の年に生まれたことは知られていますが、黄瀬川の兄頼朝との対面までの前半生はほとんど不明です。『義経記』は義経の前半生と大物浦《おおものうら》で難波して天王寺あたりに上陸して、それから吉野山や比叡山の逃避行から北陸道を下る「奥州落ち」に焦点をあてた読み物です。義経が出航した大物浦はいまの兵庫県尼崎市大物町付近です。その時の義経は平泉ではなく九州で新天地を開こうとしたのです。

『義経記』の成立は室町時代の初期で『平家物語』よりもおそく、『平家物語』と同様、どのように成立したかは、国文学上の大きなテーマです。また民俗学の関心事です。柳田国男などは「東北文学の研究」で義経伝説が東北地方に広く根強く残っていることを詳しく分析しています。

典型的な伝説は義経が衣川の館で自害したのではなく、北上山地を横断して三陸海岸から陸奥の十三湊《とさみなと》に出て、そこから蝦夷《えぞ》地に逃れたという本当にありそうな話や、極端なものでは大陸に渡りジンギスカンになったという話まであります。

もちろん十三湊はエミシ系と言われている津軽安藤氏の拠点です。このような伝説をまじめに書き残す人や語る人が東北地方に多くいたようです。柳田国男は明敏で記憶力の優れた座頭の坊さまたちが語り継いだのではないかと言っています。たしかに私たちの少年時代のころ、ボサマと呼ばれる目の見えないお坊さんのような人がいましたね。

昔から東北地方の秋祭りなどの村芝居では、芝居の合間に華麗な鎧兜《よろいかぶと》で着飾った判官殿が登場して「かかるところの義経公……」と見栄を切ったそうです。私も小さいころ兄弟や仲間と連れ立って福地村や近隣の町・村の芝居をよく見たのですが、このような場面に出会ったことはありません。

おそらく戦前か明治・大正のころ、あるいは江戸時代の話でしょう。芝居に義経が一回顔を出さなければ、観客の不満がおさまらなかったというのですから、九郎判官義経の人気は絶大なものだったのでしょう。これらの話は民俗学上のテーマなので際限がありませんので、私はほどほどに扱っています。

奥州藤原氏三代の祖清衡

しかしいったい、どうして義経物語が東北地方から波及したかは、琵琶法師や熊野信仰などとの関連で重要です。琵琶法師や熊野信仰のことについては私の本でかなり独自な見方を書きました。また奥州平泉が俘囚政権であったことや、鎌倉幕府の成立によって清衡・基衡・秀衡三代で滅びてしまったことなども深く関係しています。

その後東北地方が鎌倉北条氏の支配下にあったことも複雑に屈折した民族感情を生んだことも否定できないでしょう。折口信夫は「熊野巫女や熊野の琵琶弾きが信者の多い東国・奥州に出かけて、念仏式に物語を語った」と言っています。

なぜ、熊野信仰が東北地方に多かったのかの問題ですが、それはさておき、奥州平泉初代の清衡が白山信仰に篤《あつ》かったことも大きな謎です。清衡は亘理大夫恒清と安倍貞任の妹の間に生まれたことはあなたも知っていますね。前九年の役が終結したとき、いまの盛岡に近い厨川《くりや》の柵で経清は義家の父頼義によって、腐った刀で裏切り者として首を斬られたのです。

清衡の母と清衡は安倍貞任追討の恩賞として、頼義に協力した出羽の俘囚長清原武則の子武貞に引き取られたのです。ほら、東京の九段高校から転向してきた小原君とあなたと、それからあなたが誘ってきた横手城南高校に通っている朝舞中学校出身の女子高校生三人、もう一人は高辻君ではなかったかと思いますが、七人で増田町の奥の成瀬川沿いにある真人山に自転車で行きましたね。本当に浮かれっぱなしのそれは楽しい一日でした。あの真人山が清原武則の居城だと言われています。

小原君は四、五年前に大腸がんでなくなりました。横手高校二年生の時、亀谷の姓で私のクラスに入ってきました。あなたも同じクラスだったと思います。転向して来て半年ほど経ったころ、母の姓の小原に変えると私にコッソリと話したことがあります。「母は真人山の麓の生まれで親父は九州博多の生まれだが、俺は朝鮮人とエミシの子孫の間に生まれた子だ。順治君は毛が濃いが、俺は薄い」と歯切れのよい言葉で冗談を言っていました。

彼のお母さんには、私が上京してからよくお世話になりました。身体の大きい目鼻立ちのしっかりした人でした。そのお母さんも小原君が亡くなる二年前に亡くなりました。お父さんは芸大出の彫刻家でしたが、彼が小学生の頃に亡くなったそうです。小原君の話にそれましたが、彼は大学生のころからすでに車をもっていたので、平将門の遺跡を見によく私を茨城方面まで連れて行ってくれました。当時の彼の知識は断片的なものでしたが、今思うと一連のつながりがあったのですね。彼は銀座松屋の近くで画廊を経営していました。亡くなる半年ほど前に湯河原に美術館を建てました。その落成式に招待されたのですが、私の都合で出席することができませんでした。本当に残念です。私の本の出版パーティにぜひ出席してもらいたい友人でした。

『後三年合戦絵巻』

清衡の弟が家衡です。家衡は清原武貞と安倍貞任の妹、つまり清衡の母との間にうまれたわけです。武貞にはすでに嫡子真衡がいましたから、この三人は父違い、母違いの複雑な関係になっています。後三年の役はこの三人の骨肉の争いに源義家の利害が絡んだ消耗な戦になりました。家衡が最初に引き籠った沼の柵は、あなたも知っている沼館町小学校や蔵光院や八幡神社の一帯です。

どうしてこのような田圃だらけの平地に城柵を構えたのか不思議ですが、当時、周辺は大変な湿原地帯だったそうです。したがって家衡は叔父武衡の勧めで金沢柵に根拠地を移しました。清衡は後三年の役に義家とともに参戦しているはずですが、『後三年役物語』は義家と関東武士団の活躍が中心で清衡はまったく影の薄い存在です。

安倍氏の孤児として敵将に引き取られ、清原氏と安倍氏のなかでただ一人生き残った清衡がどのような心境であったのか、想像に難くありません。先日、近くの区立練馬図書館から『後三年合戦絵巻』を借りてきてしばらくぶりに見ましたが、金沢柵での義家軍の凄まじい凄惨な殺戮場面は目を覆うばかりです。

この絵巻は後白河法皇が近臣の静賢法印に命じて制作させたもので、絵巻ものとしては最も古いものと言われています。義家は、首札をつけられ、まるで西瓜のように並べられた武衡や家衡など四八人の首をみてすこぶる満足していますが、上京の際に朝廷から恩賞が出ないと知らされるや、それらの首を路上に投げ捨てたというのですから、「後三年の役」がいかなる戦であったかわかるというものです。

清衡にとって家衡がたまたま骨肉相食む相手であったとしても、家衡は母を同じくする弟です。しかもこの弟は陸奥の俘囚長安倍貞任と出羽俘囚長清原武則の血を引く特別な存在なのです。

晩年の清衡が建立した中尊寺は、いま天台宗の東北大本山として格付けされています。そして中尊寺の最北端の最も眺めの良い場所に白山神社が祀られています。白山神社そのものは小さな社殿ですが、その辺りは北上川や束稲山《たわしねやま》が間近にみることができます。

しかも神社の前には観覧席がついた能楽堂があり、それには度肝をぬかれました。舞台に立ったら、おそらくこのあたり一帯の景色がもっと素晴らしく一目で見渡すことができるでしょう。この能楽堂をいろいろな角度から写真をとりましたが、一番よく撮れている写真を私の本に載せましたので見てください。

藤原秀衡と白山神社

白山神社は、江戸弾左衛門（穢多・非人の頭、江戸三〇〇年一三代の総称）が信仰していました。白山神社は白山が聳える中部地方を中心に二五〇〇社もあります。また江戸弾左衛門は自分が頼朝から非人支配の免許をもらったと主張して、自分の祖先は摂津池田の火打村の皮革製造にかかわったものだと由緒書を提出しています。

この火打村は清和源氏の基盤を築いた源満仲の奥城《おくつき》多田荘の近くにあり、武士団の発生と密接な関係があったことが推測できます。火打村は現在の川西市を走る能勢電鉄の鼓滝《つつみがたき》駅の近くです。

このように本書執筆の過程で、源氏と弾左衛門の祖先の関係、八幡神社と白山神社の関係が私の念頭から離れませんでした。西武線の練馬駅の近くの白山神社に樹齢九〇〇年前後の周囲七、八メートルの大欅《けやき》がありますが、この欅は源義家が奥州征伐の際に植えたという伝説があり、白山神社と八幡神社が合併した浅草今戸神社も義家の伝説があります。

ビックリするような話ですが、奥州平泉三代目の藤原秀衡は越前白山神社と岐阜白山石徹白《いとしろ》中居神社に虚空蔵菩薩を納めています。昨年の一二月初旬、私はその地を訪ねました。藤原秀衡に派遣された上杉宗康とその一行は故郷の平泉に帰郷する機会を失なって石徹白の地に住み着き、その子孫が今現在も一集落を形成するという信じられない話ですが、これは本当の話です。

弁慶同行の義経の奥州落ちのコースには琵琶湖湖畔の坂本から米原に出て、白鳥・郡上《ぐじょう》八幡から石徹白に至り、石徹白から越前の平泉に降りたという破天荒な説があります。『義経記』などは琵琶湖の北の愛発《あらち》関から日本海に沿って北陸道を北上するコースです。

私は破天荒といわれている石徹白コースの方が確立は高いと思っています。秀衡が仏像を納めた時期と義経の逃亡時期がちょうど重なっています。不思議な話です。このように義経をめぐって平泉政権・白山信仰・比叡山延暦寺・熊野信仰などいろいろなテーマが複雑に関係してきます。簡単に説明できない理由です。

選りすぐりの侍佐藤継信・忠信兄弟

義経には終始行動を共にした七、八人の家来がいます。佐藤継信・忠信兄弟、弁慶、伊勢三郎、鈴木三郎重家兄弟などですが、史料で確実に実在が証明できるのは佐藤兄弟、伊勢・弁慶・鈴木兄弟です。一番確実なのは福島飯坂出身の佐藤兄弟で、この兄弟は秀衡が家来として義経につけた選りすぐりの侍です。佐藤兄弟・鈴木兄弟をのぞいてほかの家来は、弁慶をふくめ出自不明の得体の分からない山賊か猟師か護法童子の類です。

『奥の細道』によれば、佐藤元治（佐藤兄弟の父）の旧跡を訪れた芭蕉は、佐藤一家の石碑が残っている石碑の中でも討死した継信・忠信二人の妻女の石碑に哀れをそそり、寺に入ると義経の太刀と弁慶の笈《おい》が所蔵されているのを見て、「笈も太刀も五月《さつき》にかざれ紙幟」という句を遺しました。

いっぽう伊勢三郎義盛は知力・胆力において弁慶とはひと味違った抜群の魅力を発揮します。鈴木三郎重家兄弟は藤白神社の宮司《ぐうじ》の子弟ですが、神主なのか武士なのか今一つ身分がはっきりしません。藤代に移住する前の鈴木家の先祖は熊野那智周辺の武士団の首領であったことは確かなようです。

鈴木三郎重家兄弟と義経の関係はちょっと怪しいところがあります。弁慶も同様です。しかし弁慶は『平家物語』に四、五回、それも一、二行程度です。とても主役になるような紹介はされていません。弁慶や鈴木三郎重家は『義経記』で急激に成長した人物です。

『義経記』は『平家物語』に描かれなかった義経の幼少期、頼朝に追跡された逃亡期を描いた物語です。つまり想像と伝説をうまくミックスしたあまりあてにならないが、それだけ物語としては傑作です。このような人物をいったいだれがいつどのように作り上げていったのかも、大きなテーマです。

義経の家来鈴木三郎重家

義経の家来たちの伝説は、弁慶より地味ですが鈴木三郎重家はよい事例を残しています。鈴木兄弟は『平家物語』にはほとんど登場しませんが、『義経記』では衣川の館で弁慶と一緒に大活躍します。鈴木三郎重家を扱った作品は、謡曲の『追駆鈴木』や『追熊鈴木』、狂言の『生捕鈴木』、狂言の『生捕鈴木』や『語鈴木』などがあります。

衣川の戦で鈴木兄弟は弁慶に頼まれて、『梁塵秘抄』に収録されている「滝は多かれど　嬉しやとぞ思う　鳴る滝の水は　日は照るともたえでとうたえ　やれことつとう」の替え歌を歌います。『義経記』では弁慶も鈴木兄弟も衣川で壮絶な討ち死にをします。この歌を通して弁慶と鈴木三郎重家は親戚関係かそれよりももっと親密な関係にあったことを伺わせます。

秋田県羽後町飯沢の『鈴木家由緒素録』によると、鈴木三郎重家は故郷に帰るようにという義経の命令に従い、衣川の戦に参戦せず、熊野（故郷は和歌山県海南市藤代）に帰りかけました。しかし途中、最上川のほとりから羽黒山に上って社殿ちかくに鎧兜を埋め、故郷の藤代には重家は衣川で討死したと伝えさせ、自らはコースを反対に変え、今の院内の峠から秋田の湯沢に入り、西馬音内《にしもない》町の奥地の飯沢に落ち延びたことになっています。

この重家の子孫が現在、国の文化財保護の対象になった鈴木邸に住んでいます。一九六六年にNHKの大河ドラマとして「源義経」が放映されましたが、この鈴木家邸宅の重要文化財指定のために尽力した鈴木修氏と重家の役を演じた俳優名和宏が記念に撮った写真を飯沢の鈴木家で見ました。

鈴木家宗家は和歌山県海南市藤代です。今年の二月私は藤白神社を訪れて、偶然、現在の神主さんの吉田昌夫氏と短い時間でしたが話をしました。今も羽後町飯沢の鈴木家と交流があるそうです。私の本は鈴木家伝説が本当かどうか検証する本ではありません。このような伝説をも対象にしながら弁慶はエミシの末裔であったことをイメージすることです。

保元・平治の乱、いわゆる源平合戦前後は、前後といってもかなりの長い時間ですが、熊野信仰が盛り上がっていました。白河・後白河・鳥羽・後鳥羽天皇など天皇や法皇たちは、なんと合計一〇〇回も熊野詣をしています。往復五百キロ、日程は約一ヵ月、同行者一〇〇〇人、途中の宿泊所、ガイド役、祈祷師など厖大な人数と施設が必要です。

鈴木家は熊野王子九九社のなかでそれも五代王子社トップの藤代神社の神主です。おそらく宿泊施設をもち御師《おし》を兼ね、多くの先達《せんだつ》を抱えていたと思います。それにしてもなぜ天皇が熊野詣に熱中したかが問題です。東大寺・興福寺・延暦寺などの寺社が巨大になりすぎて天皇の思うようにいかなくなったか、宗教イデオロギーの大転換を迎えていた時期かもしれません。

もっとも大きな原因は古代天皇制が武士の登場とあいまって崩壊の時期にさしかかっていたことと、武士団同士がその天皇の暴力装置、まさに爪牙《そうが》としての宿命ゆえに骨肉相食む争乱と殺戮に終始しなければならなかった悲劇と運命が、西方極楽浄土の思想と熊野信仰を生んだのかもしれません。

おそらく熊野の地は極楽浄土と補陀落《ふだらく》浄土信仰が結びつき、熊野信仰を澎湃《ほうはい》と沸き立たせるべき最適の地理と風土を兼ね備えていたのでしょう。今の熊野は杉とヒノキが鬱蒼として暗い感じがしますが、当時はありとあらゆる多種多様な照葉樹林の生い茂った温暖多雨な土地柄だったのです。いつの間にか植林の杉とヒノキで山の様相が一変してしまったのですね。

熊野詣の先達・御師

一連の天皇の熊野詣のために宿泊所・先達・御師、その他もろもろの職業が生まれたわけです。山伏もそれらの一つですが、山伏は先達の仕事も兼ねていたと思います。天皇の熊野詣の案内役をした僧侶はのちに三井寺(園城寺)の別当になる決まりがあったそうです。弁慶は熊野の先達(山伏)の子であった可能性があります。

後白河法皇が熊野詣を三五回も行っているのですから、弁慶は幼少のころ後白河法皇に仕える者に拾われ、比叡山の童子となったと想像してもおかしくありません。弁慶が比叡山を追放され放浪の旅にでた話は、本書第一部出自の「武蔵坊弁慶」の項で述べています。

頼朝の御家人であった小野寺氏は西馬音内・湯沢・稲庭を拠点に横手盆地の支配を広げましたが、小野寺氏は熊野信仰の熱烈な信者です。横手盆地に移る前の小野寺氏の地盤であった栃木県下都賀郡にも有力な熊野神社があります。下都賀郡岩船町は円仁の出生地です。円仁は比叡山天台座主の三代目ですが、天台密教を確立しました。

円仁は全国いたるところで見受けられる慈覚大師のことで八五〇年前後の人です。慈覚大師が熊野信仰にどのように影響を与えたのかよくわかりませんが、この円仁こと慈覚大師は唐に渡り、五台山から比叡山に浄土教をもたらしたことは間違いありません。

地方の領主で熊野信者であったのは、小野寺氏だけではありません。全国各地にこのような領主がいたわけですが、とくに関東から東北にかけて多かったようです。天皇のやったことを後の領主たちがまねたわけです。

年に一回の熊野詣のために熊野からガイド役（今の旅行会社の社員）が派遣され、地元に滞在し、ある者は土着化するわけです。鈴木姓が多いのはこのガイド役の鈴木氏から派生したと言われています。私の本がこの鈴木姓の人達に読んでもらえたら大変なベストセラーになります（冗談です）。先達は言ってみれば宣伝隊であり、ザビエルのような高尚さはないが、熊野信仰の普及者でもあったわけです。

弁慶はこの熊野三山の別当弁せうの子ということになっています。この弁せうは実在しません。弁慶が生まれた時、色が黒く、髪が縮れ、歯が生え揃っていたので、気持ちが悪いといって父弁せうに捨てられそうになったので、叔母に育てられた後に比叡山に修行僧として預けられたのです。

おそらく熊野から派遣された琵琶法師や山伏や先達が弁慶伝説を膨らませたのでしょう。さらに比叡山天台も大きく関与しています。天皇の子弟が大寺社のトップに座っていたのですから、大寺社の経営・宣伝のためいかに懸命であったか想像できます。

今回はこれぐらいにしておきましょうか。何か質問がありましたらおいおいと言うことにしておきましょう。まだ時間はあります。あなたに本の中身の理解してもらうことは重要ですが、説明だけでも大変な分量になるような気がします。しかし、本がなくても面白く語ることができなければなりません。少々ランダムになりましたが、要点はお伝えしたつもりです。

これからいつもの散歩に出かけます。城北公園への道すがら庭先や畑にありとあらゆる花が咲きほこっています。六月がこんなに花が咲くころだとはうかつにも気が付かなったことを大いに反省しています。それでは近いうちにお目にかかりたいと思っています。

二〇〇二年六月二日朝

林　順治

◆おわりに

源氏と熊野別当行範の関係

弁慶は熊野別当弁せうの子であった。しかしこれはフィクションだ。鈴木兄弟の祖先が熊野の勝浦の地から藤代に移ったが、これは信じてもよい。鈴木兄弟の父重倫が平治の乱で戦死したので、兄弟が父の弟に預けられて成長したことはありうることだ。熊野別当第一九代行範《ゆきのり》が源為義の娘鳥居禅尼を妻としたこともはっきりしている。

別当になる前に新宮の権別当であった行範が新宮や那智の衆徒を率いて源氏方についたこと

は、行範が義理の父源為義のためにとった行為だから納得がいく。為義は保元の乱で子の義朝に斬殺された。源行家は為義の十男で義朝は嫡男だから、行家は為朝の弟になり、行家の兄義朝と甥の頼朝にたいする感情は屈折している。頼朝も行家とはうまく噛み合っていない。

行家が父との関係から熊野別当の行範に強い影響力をもつのは当然である。弁当行範と行家は義理の兄弟となるからだ。最初平家方についた第二一代熊野別当の堪増は屋島・壇ノ浦では源氏方についた。弁慶が湛増の子であるというのも怪しい。熊野信仰の宣伝の過程で生まれた伝説だ。

堪増は行範とは従兄弟関係になる。堪増の父は堪快で一八代の熊野別当だ。行範の父は長範で一六代の別当だ。堪快が弟で長範が兄になる。堪増が亡くなった後、行範と為義の娘の間に生まれた行快が二二代の熊野別当になる。行快と頼朝は従兄弟関係になる。

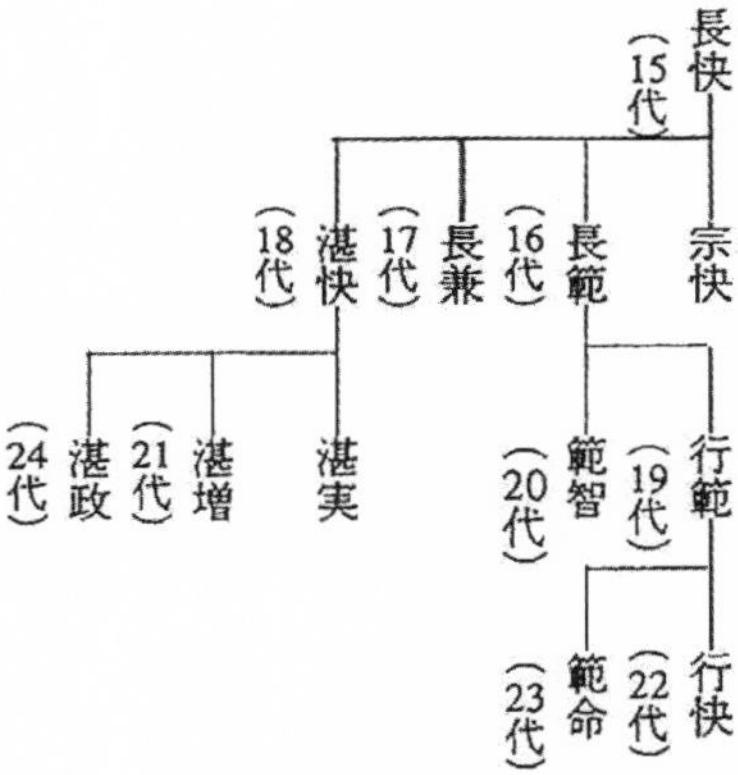

熊野別当系図
（22代行快は源頼朝の従兄にあたる）

源氏と熊野別当との関係は源為義と十郎行家を通して明らかだし、鈴木氏の一族が『平家物語』の「源氏揃」に登場するように那智勝浦で熊野山衆徒であったことがわかる。勝浦の鈴木氏が藤代に移り住んでからは、鈴木邸の解説板にあるように熊野三山の案内や熊野信仰の普及のつとめたということから、鈴木家が藤代神社の宮司か神主であった可能性は高い。

熊野古道の御師《おし》・先達とは

熊野三山の別当や大衆は参詣者の接待、賄い、宿泊、案内などに当たった。今のガイド役である。参拝者は彼らを「師」と呼び、しだいに御師と呼ばれるようになった。鈴木家は御師の一族と見てよい。熊野別当堪増も御師として切目・田辺で雑事をつとめた。鈴木家も熊野古道の五体王子、藤代・切目・稲葉根・滝尻・発心門で宿泊所を経営し、かつ雑事一般を引き受けていたに違いない。

熊野本宮、新宮では別当家クラスの家が御師をつとめ、那智あたりで別当家とのかかわりのない者を宿所としたが、切目王子は田辺別当家、高家王子は新宮別当家、中辺路は新宮・田辺別当家が世襲したという。

熊野詣では本宮まで案内する先達を必要とした。先達は御師とは切っても切れない関係にある。鈴木家一族の者で何人かあるいは数十人は先達になった可能性はある。先達は道中の道案内、儀礼、修法をマスターした者で、御師と参詣者の仲立ちをする。御師と関係で参詣者は檀那という。法皇クラスになると熊野三山検校が先達をつとめた。やることは熊野精進の御経の供養・奉幣・疫除、宗教問答、主要な王子での参拝・読経などである。

鎌倉時代になると御師は武士を檀那とした。檀那は御師にとっては大事なお客である。こうして先達は全国いたるところに張り巡らされた。熊野には檀那や先達を受け入れる宿泊・祈祷・

山案内に従事する御師がいた。先達は檀那を熊野に案内すると、御師あてに檀那の住所・氏名、自分の在所、名前など記した願文を提出した。いわば契約書である。この願文は御師にとっては一種の無形の財産であった。

　雄勝郡に移住する前の小野寺氏が熊野社を勧請していたのは周知のことだし、秋田では由利の修験者良春が浅利氏の熊野詣の先達をつとめているが、これは地方の修験者のなかに鳥海山や羽黒山の案内・宿泊だけでなく熊野の先達も務めていたことが分かる。鳥海山や羽黒山・月山の登山口には修験者が住んでいた。

　秋田県稲庭の小野寺氏には大和阿闍梨房が先達として入った可能性がある。これは「奥州持渡津先達檀那系図」という一三三六年ごろの史料に基づくものだが、陸奥・出羽一円に檀那を擁したのは持渡津《もちわたつ》先達であった。それ以前に鈴木氏の一族の者が先達として入り、小野寺氏を檀那としたこともありうる。現在の羽後町にある鈴木家の所在地が飯沢字先達というのも意味深長である。

　もし鈴木三郎重家が落人として飯沢に居住したのであれば、まさに熊野修験の御師か先達の一族の一人が羽後に住んだことになるが、その頃小野寺氏は羽後には入部していない。小野寺氏経道が羽後には入ったのは一三五〇年頃だ。羽後町の鈴木家の家伝では、始祖鈴木三郎重家は、衣川から逃れ、故郷の藤代には戻らず、衣川で亡くなったことにして羽後の飯沢に落ち延びたことになっている。藤代の鈴木家でも鈴木兄弟は弁慶と衣川で討死したことにしている。

　確かにこれで辻褄が合う。しかし鈴木三郎重家は熊野の先達として入ったのではなく、衣川の落人として羽後に落ち延びたのだから先達としての仕事ができるわけがない。熊野の先達としての仕事を受け持つならば檀那がいなければならず、でなければ鳥海山か保呂羽山の修験者でなければならない。檀那がいるとすれば、小野寺氏と考えるのが妥当だし、小野寺氏が羽後に入ったのは衣川の戦から一五〇年後のことである。

鈴木三郎重家が神官であったか、侍であったのか気になる。衣川の戦における鈴木兄弟の唐突な登場からも、鈴木兄弟は衣川の戦に参戦していない可能性も考えられる。『義経記』では鈴木三郎重家が、義経のところに馳せ参じるが、鎧を持参しなかったと義経に話す。

羽後町鈴木家の『由緒実録』には、鈴木三郎重家は羽黒山の神殿の近くの土中に鎧・兜・太刀を埋めて羽後飯沢に入ったとある。侍の身上である鎧・刀をいかなる事情があっても手放すのは不合理だ。しかし僧が弁慶や土佐坊のように武具で身を固めるのは何ら不思議なことではない。ましては源平のころは熊野衆徒の武力化は進んでいた。

『義経記』では弁慶の父熊野別当弁せうは、右大臣師永《もろなが》の婚約者の姫を略奪している。熊野大衆の乱暴狼藉は日常茶飯事であった。しかし『平家物語』の「源氏揃」では、新宮・那智を襲撃した堪増に対して、防戦して堪増を追い返した侍の中に、鈴木の名前が出てくるが、この鈴木が藤代の鈴木家と同一ではないとしても、一族の者と考えてよく、『平家物語』では社務を執行している法服などとははっきり区別されている。

いずれにしてもこのような武力化した熊野大衆と藤代の鈴木家出身の鈴木三郎重家と同一に見てよいのだろうか。衣川の戦に参戦したとすれば、当然、『義経記』のように侍の慣わしとして自害して果てるのも当然だ。

「鳴る滝の水」はどこか

鈴木三郎重家と義経の出会いは先に述べたように、重家の父が為義の従者であったことからも自然だが、弁慶と鈴木三郎重家の出会いは弁慶と義経と同じように不思議だ。弁慶が怪しい。弁慶は想像上の人物だとすればそれまでだが、弁慶の存在は義経に対して寺の童子か検非違使の管理下にあった放免のように思えるし、鈴木三郎重家に対しては熊野の修験者あがりの山伏だ。

この童子が放免出身にも思える弁慶は熊野那智の滝に打たれて修行した熊野修験者上りの山伏のようにも見える。弁慶が衣川の館で鈴木兄弟に後白河法皇が編纂した『梁塵秘抄』に収録されている「滝は多かれ」の替え歌を囃せている。この歌は「滝は多かれど、嬉しやとぞ思ふ鳴る滝の水　日は照るとも絶へでとうたへ　やれことつとふ」である。

小学館の古典文学全集の訳は「滝はたくさんあるけれども、うれしいと思うよ、鳴りとどろくこの滝をみては、たとえ日は照り続けるとも、水の流れは絶えつきないで、とうとうと鳴っている。ヤレコトットウ」である。

最近、五味文彦が中公新書『梁塵秘抄のうたと絵』で解説しているが、その訳は少し違う。五味文彦の訳は「滝はたくさんあるけれども、嬉しいのはこの鳴る滝の水。日は照り続けても水は絶えないように謡え。ヤレコトットウ」だ。五味はさらに踏み込んで、この滝に謡われた鳴る滝の水は清水寺の音羽の滝（京都市東山区清水一丁目一番地の清水寺境内の滝）のことだったかもしれないと指摘している。

この歌は僧の芸能の会でよく謡われていたし、合戦の勝利の歌として謡われたからだと五味氏は言う。五味氏によれば『明月記』に天福元年、一二三三年二月二〇日条に、延暦寺の悪僧たちは寺内の敵方の坊を切り払っては「うれしや水」を囃して南谷に帰ったという。延暦寺と興福寺が清水寺の帰属を争って対立を繰り返していた。清水寺の参詣の目的は観音信仰にあったし、鳴る滝は音羽の滝だろう、と五味氏は推測する。

私はこの「鳴る滝の水」は勝浦の那智の滝だと思う。那智には滝が多いが、とくにこの那智の大滝は際立って大きく、地響きを立てて落ちる天下にひびきわたる那智の大滝のことで、鳴る滝といえばだれでも知っている、熊野の聖なる、つまり神懸かりの那智の滝のことを指す固有名詞ではないかと思う。

那智の地名起源については諸説がある。「難地」の意だとか、古代中国の「阿陀那智経」から出たとか、アイヌ語の「水落る地」だとか、あるいは大己貴神《おおなむち》(『日本書紀』)の説があるが、アイヌ語説を除いて今一つだ。私は「鳴る地」の「鳴る」の「ル」が脱落したか、「ル」が「チ」に転訛したものではないかと考える。私は幼少年時代に兄からジュルと呼ばれたが、ジュンジがジュンチになり、チがルに転訛してジュルになったと思う。

ところで鈴木家が那智勝浦から藤代に移住したのであれば、那智は鈴木家の故郷であり、また鈴木家の「鈴」が聖なる鈴の鳴る音と繋がる。だから私の訳は「那智にはたくさんの滝があるが、とくに那智の大滝は日が照ろうが、涸れることもなく、絶えることもなく、とうとうと轟《とどろ》き鳴り響いて流れ落ちるので、ありがたいことだ。ヤレコトトットウ」となる。

囃しことば「ヤレコトットウ」

ところで、歌の最後の「やれことつとふ」は当時流行《はや》った囃《はや》し言葉だというが、最近刊行された小学館の『日本国語大辞典』（第二版・全一三巻、二〇〇二年）から紹介する。これは「やれことんとうえことば」だという。

つまり「破来頓等絵詞《やれことんとうえことば》」という南北朝時代の絵巻の言葉だ。飛騨守惟久《ひだのかみこれひさ》の画で、詞書のなかに当時流行した囃し言葉「破来頓等」が繰り返し使われた。

これは厭離穢土《おんりえど》往生極楽の思想を不留坊《ふるぼう》という人物に仮託して説いたものだという。絵巻のストーリーは、一切名利を捨て出家した不留坊がわが家から踊り出る場面から始まる。詞書の末に「破来頓等」がくりかえされるから可笑しい。この絵巻を描いた飛騨守惟久は『奥羽合戦絵巻』の画工としてもその名が知られている。

後白河法皇が『梁塵秘抄』を編纂したころ、すでにこの囃し言葉が流行していたことになる。観音信仰の言葉でいえば、興福寺の仲算《ちゅうさん》と林懐《りんかい》という僧が、那智の滝で般若心経を読んで滝上に千手観音を示現させたという話もある。

また西行法師は那智の二の滝の様子が観音に似ているとみて「如意輪の滝なむと申す」と記しているし、『源平盛衰記』には本宮・新宮の参詣を終えた平維盛が那智に向かうが、「那智の御山は穴貴と飛滝権現がおわします。本地は千手観音の化現也」と記している。

この「鳴る滝の水」が那智の滝であることが分かれば、弁慶と鈴木三郎重家が熊野信仰によって結ばれていることがわかる。鈴木三郎重家の実在はおおよそ間違いない。鈴木兄弟の祖先は、那智勝浦を拠点した土豪であり、熊野社の大衆でもあり、後には熊野三山の御師か先達にもなった。鈴木家は熊野に根を張る生粋の熊野人であり、熊野八庄司の首魁《しゅかい》でもあった。

弁慶は『義経記』では熊野別当せうの子となっているが、生まれた時の様子が奇怪なため父に捨てられ、叔母に養育され叡山に預けられた。弁慶は乱暴狼藉のため叡山を放逐され放浪の身となった。放浪先の書写山で火を放って犯罪者として追われた。その弁慶がいつから神懸かりになったのだろうか。いつから信仰と勇気と弁舌と才知と愛情あふれる知者として成長したのだろうか。いつから義経の守護者となったのだろうか。

弁慶を放逐しようとした叡山の公卿会議で、古い日記が取り出された。その日記には「六一年目に比叡の山上にそのような不思議な者が現れたなら、朝廷にとって祈りとなるから、たとえ院宣であってもこれを取り鎮めなどすれば、一ヵ月の間に勅願寺五四ヵ所が滅びる」ということが書かれてあった。弁慶はその六一年目にあたる不思議な者とされた。

平泉も間近の亀割山でいよいよ北の方のお産も近づいた。弁慶が谷底に下りて汲んできた水を飲んで北の方は息を吹き返した。弁慶は北の方の腰を抱いて「南無八幡大菩薩、願わくば無事お産ができるように、御守りください」と信心深く祈念したので、北の方のお産も安らかに終わったのであった。弁慶はどうやってよいのかわからないが、赤児を修験者が衣の上に着る篠懸《しずかけ》（麻の法衣）を袖でくるんで抱き上げ、臍の緒を切って産湯をつかい、この地は亀割なので、亀は万年、鶴は千年の寿命にあやかって、亀割御前と名付けた。

「余が無事であればよいが、このままこの山に捨ててしまえ」と義経。弁慶は、北の方は君一人頼りにしている、万が一のことがあったら、頼みとする方は誰もいない、この若君をお育てしましょうと言い、「ご幸運は御伯父の鎌倉殿に似られますよう。お力は不十分ながらこの弁慶に似られますよう。御命は千秋万歳の寿命を保ちなさい」と義経を慰めた。かつて弁慶は危うく父弁せうに山中に捨てられるか、簀巻《すまき》にされ川底に沈められるところであった。弁慶はそのことを知っていたのであろう。弁慶は命があればこそ万が一があることを知っていたのであろうか。

弁慶の語る力とは

夕日が海の向こうに沈みかけようとしている。私はホテルを出てマリナーシティの防波堤に急いだ。南北に延々と築かれた防波堤の上を北に向かって歩いて行く。海は風で小さく波打っている。もう日は沈んでしまった。ここは紀伊水道の一角になる。かなり近く西国と淡路島が黒々と見える。友ヶ島かもしれないが自信はない。向こうから長身の男性が歩いてくる。「あれが淡路島です。こちらが徳島です」と男性は教えてくれる。「友ヶ島はどこですか」と聞く間もなく、その男性はサッーと通りすぎていく。

防波堤の内側も外側も土手のように傾斜していて海面近くに歩道が設けられている。風をさけるために湾側の歩道に下りてみるが、風が少し弱くなったような気がする。火力発電所の高い塔が数本みえる。その向こうは海南市だ。マリナーシティはヨーロッパ風のリゾートアイランドをイメージした人工島だ。たくさんのヨットが集まっている。

イタリア風にアレンジしたホテルの部屋は、意外にも違和感がなく広くゆとりがあった。中世風の建物やレンガを敷き詰めた広場も悪くはない。灰色がかった波うつ海面と対照的に異様に白っぽいホテルだ。部屋の明かりがチラホラ見えている。遊園地の大観覧車の周囲をジェットコースターが夕闇に閑散と浮き立って見える。まるでヴィム・ベンダーズの映画の世界だ。

長靴を履いたさっきの長身の男性が釣りをしている。青っぽいボックスに腰かけているが、釣れているようにも思えない。海面は浮きもみえないほど波立っているし、暗くて寒い。景色を眺めるような時間帯でもない。どうみても帰宅する時間だ。たくさん釣れているのならわかるが、おかしいと思う。その男性の斜め後ろの防波堤の土台のすこし落ち窪んだところを段ボールで囲んでいる。

また防波堤に上がる。風が一層強くなった感じだ。弁慶は亀割山で赤児をだきあげながら、義経を慰めた。弁慶によれば頼朝の成功は幸運であった。弁慶はここで義経に対して運が悪かったとは言ってない。不十分ながら生まれた子は自分の力に似るようと、はっきり義経の面前で言っている。義経の力に似るようと言っていない。弁慶の力とは何か。知恵か勇気か、愛情か。それとも信仰の力か。

弁慶にどのような信仰があったのか。それとも語る力か。救済する力とは。語る力とは何か。それは芸術の領域か。弁慶が頼朝について幸運だと言ったのは賢明だ。頼朝の力に似るようにとは言わなかったのは正しい。この弁慶の知恵と愛情と正しい力は何処から生まれたのか、私は不思議に思う。

こうして防波堤に立つと、義経が渡辺津を出航して大坂湾から友ヶ島を通過してこの紀伊水道から徳島に上陸したコースを眺めることができる。世阿弥は「閻浮《えんぶ》に帰る生死の、海山一同に振動して、船よりは鬨《とき》の声、陸には浪の楯」と獅子奮迅の義経の戦闘を描写する。それは修羅と化した義経の本来の姿であった。世阿弥も義経の修羅道を知っていた。

弁慶も渡辺津から屋島まで、屋島から壇ノ浦までの義経の勇猛果敢な力を知らないわけではない。弁慶は義経の力を尊敬しないわけはない。尊敬したからこそ義経の従者となったのだ。しかし弁慶は亀割山で義経の力に似るようにとは言わなかった。

弁慶の「破来頓等」は勝者の囃し言葉ではない。観音坊も勢至坊も勝者ではない。ましてや衣川で弁慶は最後に立ち往生する覚悟であった。「破来頓等」は敗者がより長く、できれば永遠に語り続けることができる、絶えることのない鳴る滝の水のようにいつまでも轟くことができるための祈りの囃し言葉かもしれない。祈りの囃し言葉など聞いたこともないが、それは語る力すなわち表現する力を得ようとする祈りに集中するかけ声のように私には思える。

滝は多かれど　うれしやとぞ思ふ　鳴る滝の水　日は照るとも
絶えでとうたえ　やれことつとう（『梁塵秘抄』巻二・四〇四）

第三章　漱石の時代——天皇制下の明治の精神

◆はじめに

近藤勇

正座して真正面からカメラを睨みつけるそのつりあがった目はかすかに笑っているようにも見える。広い偏平な角ばった下顎は冷徹な性格とてつもない意志の強さを表しているが、真一文字に結んだ口は今にも急にニヤリと笑いだし、顔全体が大きくゆがんで人懐っこい剽軽な表情に一変しそうだ。

しかし眉間の迫った頬骨の出た顔に対して、あまり大きくも高くもない鼻筋の通ったその先端の鼻腔が少し普通の人よりも大きく見えるのは、この人物が獲物を狙って猛然と襲いかかる前に深く息を止めて待ち伏せする豹か虎のような動物を思わせる。

両手は両膝の袴中に差し込んでいるので羽織と袖に隠れて不気味だ。今にも太い大きな手が刀架の虎徹《こてつ》にのびてウッと立ち上がりそうで恐ろしい。右の腹部のあたりから脇差の柄頭が羽織の袖の外まで不器用に飛び出しているのは剛直で細かいことにこだわらない豪放磊落な人柄を思わせ、正座した姿勢でその角ばった顔をほんの少しカメラの方に突き出している様子から、この人物が物事全てに対するなみなみならぬ好奇心とただ者でない胆力を有した幕末の一人であることは間違いない。

近藤勇が板橋で処刑されたのは、一八六八年四月二五日のちょうど昼時であった。勇が三五歳の時である。その年の七月一七日に江戸は東京に改称され、九月八日には慶応から明治に変わった。一八六八年はまさに驚天動地の年であった。新年早々、一月三日の鳥羽・伏見の戦いに勝利した維新政府はただちに徳川慶喜《よしのぶ》にたいする追討令を発し、薩摩・長州・土佐による東征軍を組織して東海・東山・北陸の三道に分かれて江戸と会津に向かった。

三月一二日、徳川慶喜は恭順の意を示して上野寛永寺に引き籠った。東山道を進んだ板垣退助の東征軍は信濃から甲斐に入り新選組の残党を中核とする甲陽鎮撫隊を甲府で破って内藤新宿に着いたのは三月一三日である。一方西郷隆盛が率いる主力部隊の東海道軍は三月一一日品川の池上本願寺に到着した。

三月一三日、勝海舟と東征軍参謀の西郷隆盛は芝高輪の薩摩藩邸で江戸城明け渡しの会談に入り、一四日合意に達した。合意内容の七点のうち、第三、第四は旧幕府の一切の軍艦と兵器を維新政府に引き渡すことであった。その日天皇は「五箇条の誓文」を発表した。五月一五日、大村益次郎の指揮する官軍が上野寛永寺に立て籠った慶喜側近の幕臣によって結成された彰義隊の反乱を鎮圧した。

北陸道を進んでいた山縣有朋《ありとも》、黒田清隆の軍は七月二九日に河井継之助が抵抗する長岡城をようやく攻め落とした、九条道孝を奥羽鎮撫総督とする東北戦争は、奥羽越列藩同盟の結成により会津若松城が落城するまで、その終結を待たなければならなかった。八月一九日には旧幕府の海軍副総裁であった榎本武揚は軍艦の引渡しを拒否して軍艦八隻で函館に向けて品川を出航した。

八月二三日維新政府軍は会津城を攻撃した。白虎隊士二〇名が若松城北東の飯盛山で自決したのはこの日である。二八日、二六歳の睦仁親王が明治天皇として即位した。九月一四日山縣有朋ら一万数千の政府軍が会津城に総攻撃をかけ、城主松平容保が全面降伏したのは八日後の九月二二日である。その二日前の九月二〇日、総勢二三〇〇人からなる天皇一行は京都出発して東海道を東に進み、一〇月一三日には東京に到着して江戸城を皇居に定めた。

近藤勇の墓

近藤勇の墓は板橋と三鷹市龍源寺と会津若松の愛宕山天寧寺内の三ヵ所にある。会津天寧寺の墓は土方歳三が会津から函館に向かう直前に建立したとも、会津藩主松平容保が天寧寺に墓を建てるように指示したとも言われているが、定かではない。板橋の墓は新選組の生き残り永倉新八によって明治九年に建立された。

板橋に埋められた首のない勇の胴体は処刑の日から三日経った二八日の夜半に勇の兄や娘婿の勇五郎など遺族の者たちに掘り返され、勇の生家宮川家の菩提寺龍源寺に埋葬された。一方の勇の首は中山道の滝野川村と板橋宿の境の一里塚に三日間晒され、京都の三条河原と大坂千日前で見世物に晒されたのち粟田口の刑場に埋められた。その後まもなく勇の関係者が懸命に捜したが、ついに見つけることができなかった。

粟田口は京都東山三条の白川橋から蹴上《けあがり》に至る間の東海道から京都の入口にあたり、軍事所の要衝であり刑場でもあった。板橋の通称「近藤勇の墓」は、幅四五センチ、奥行き四三センチ、高さ四メートル前後の石柱だ。正面は「近藤勇宜昌　土方歳三義豊の墓」とあるが、宜昌は間違いで昌宜が正しいとされている。

裏面は建立者の永倉新八改め杉村義衛と彫刻者の平田四郎右衛門の名が彫られている。「宜昌」は平田四郎右衛門の彫りまちがいであろう。石柱の右側面には戦死者三九名、左側面には病死、切腹、変死、法令違反など処刑された者七一名の名前が刻まれているが、擦り減った石柱から名前を読み取ることは難しい。

墓の所在地は東京府下北豊島郡滝野川字谷端二千十四番地である。現在の地名表示では東京都北区滝野川七丁目になる．石柱はＪＲ埼京線板橋駅東口のロータリーの一角にあるが、大正一四年に板橋平尾宿の刑場近くにあった墓地から三〇〇メートル東の今の場所に移されたものだ。

四ツ谷左門町のお岩稲荷

板橋はかつて中山道の第一番の宿場であった。今でも巣鴨とげぬき地蔵通りは中山道の面影を残している。ＪＲ巣鴨駅前の白山通りを渡った右手一〇〇メートルのあたりに「とげぬき地蔵通り」の入口が見える。入口の左手の塩大福「伊勢屋」の客はとだえることはない。伊勢屋の手前が薬局だ。その手前が真性寺《しんじょうじ》だ。この寺には江戸六地蔵や頼山陽が北條霞亭のために書いた墓碑銘がある。

六地蔵は東海道の品川宿を皮切りに一七〇八年（宝永五）ごろから五街道の入口に安全を祈願して安置されたものだ。頼山陽の『日本外史』を近藤勇は好んだ。頼山陽（一七八一—一八三二。大阪生まれ）は幼児の時から神経症に悩まされていたが、二一歳の時に脱藩して連れ戻され、二四歳まで自宅の一室に幽閉されるという特異な青少年時代を経験した人物である。『日本外史』は天保七年（一八三六）に刊行された源平時代から徳川までの人物中心の武家興亡史だが、幕末の志士たちの尊王攘夷運動に大きな影響を与えた。

地蔵通りの道幅は昔のままだ。道の両側には呉服・薬局・そば・甘味・佃煮・海苔・だんご・せんぺい・カバン・帽子屋が軒を並べて北西方向に庚申塚《こうしんづか》まで約八〇〇メートル続く。庚申塚で折戸通りと交差する。

折戸通り（東京都豊島区北大塚二丁目二七、新大塚駅下車）は交差点から北に下り白山通りを渡ったあたりからお岩通りともいう。新庚申塚と西ヶ原四丁目のちょうど中間の踏切の近くにある妙光寺（法華宗陣門流寺院・長徳山妙行寺）というお岩の墓や忠臣蔵の浅野家の供養塔があるからだ。この寺も明治四〇年ごろ四ツ谷鮫ヶ橋からこの地に移ってきたものである。

四ツ谷鮫ヶ橋といえば、外苑東通りの東側の不動通りの四ツ谷左門町の田宮神社にも「お岩稲荷」がある。お岩はもともと江戸の四ッ谷左門町で律義な一生を送った女性のことであった。このお岩が芝居の「四谷怪談」の女主人公で人気者となり、商売繁盛、芸能成功の守り神となった。ところが鶴屋南北がお岩を悪女に仕立てて『東海道四谷怪談』を創作した。

この読み物は歌舞伎で大あたりした。三代目尾上菊五郎がお岩を演じ、伊右衛門を七代目市川団十郎が演じる『東海道四谷怪談』は江戸中の話題をさらい、以後、お岩役は尾上家のお家芸となった。つまり四ッ谷左門町のお岩稲荷は出演した歌舞伎役者がお参りする神社となったのである。ついには上演前に参拝しないと役者が病気になる、事故が起こるという話までになった。

左門町から須賀町に入ると狭い道の左右にお寺が数十軒並ぶ。須賀町通りの入口近くに都電の停留所があった。都電は四ッ谷三丁目から信濃町を経て青山霊園から広尾の方に走っていた。その須賀町停留所近くの狭い道を通り抜けると急な坂道に至る。坂道の手前右側に名刀四谷正宗をつくった源清麻呂の菩提寺宗福寺という寺があり、その坂を戒行坂といい、宗福寺の斜め向かいが戒行寺といい、坂の途中に豆腐屋があったので油揚げ坂とよばれた。鮫ヶ橋に至る若葉町から鉄砲坂の狭い坂を二、三回まがると学習院初等科の校門前に出る。その斜め向かいがかつての赤坂離宮で今の迎賓館だ。

鉄砲坂の方へ左折しないでそのまま道なりに進み、信濃町駅と四ツ駅間のJR中央線鮫ヶ橋ガード下をくぐり抜けると、旧赤坂離宮の前で外堀通りと分かれた広い下り坂の道路に出る。このあたりは紀州尾張藩主の屋敷を境界にした現在の南元町一帯になるが、かつて鮫ヶ橋がかかっていた場所である。赤坂御所の西側のこの坂を鮫ヶ橋坂とも呼び、赤坂御所から明治記念館の上り坂を案鎮坂と呼んだ。

江戸城の外堀ができた一六三五年（寛永一二）ごろは麹町から伊賀組や多くの寺院がこの地に移ってきたが、維新によって侍屋敷が廃墟になったので明治初期には鮫ヶ橋一帯はスラム化した。〇・一平方キロ足らずの谷間に一三七〇戸数、五〇〇〇人の無職の民や芸人や人力車夫や土工たちが住む密集地域と化した。

明治三一年に出版された横山源之助『日本の下層社会』にその生々しい生活の様子が記録されている。

都電荒川線

巣鴨庚申塚から五〇メートルほど先を都電荒川線が南北に縦断する。早稲田と三ノ輪の間を走る荒川線は明治四四年から昭和五年にかけて完成した全長一一キロの今東京の唯一の都電だ。五月初旬のこの路線一帯に咲くツツジの花が素晴らしい。都電荒川線は目白通りと明治通りが交差する千歳橋《ちとせ》の下を鬼子母神《きしぼじん》あたりからハサミ状に明治通りと離れる。学習院下の次は雑司ヶ谷駅だ。霊園を一回りして散策してから雑司ヶ谷で都電に乗ることができる。

霊園には漱石、荷風、鏡花、ラフカディオ・ハーン、ジョン・万次郎の墓がある。かつて霊園の西側は幕府の御鷹部屋があったところである。地下鉄有楽線東池袋を降りてから外に出ると目の前が都電荒川線の池袋四丁目の駅である。都電は向原、大塚駅を経て巣鴨庚申塚に至る。

早稲田から巣鴨庚申塚まで約二〇分だ。

地蔵通りの庚申塚をすぎると道幅も広くなり、街並みも閑散として物寂しい。JR埼京線の板橋駅の踏切まで一キロもない。明治通りを過ぎたあたりから北区滝野川六丁目になる、ちょうど板橋駅の踏切までは北区のエリアだ。踏切の東側は板橋区になる。踏切の手前を左折するとビルに囲まれ板橋駅東口のロータリーだ。東口の北半分は北区で南半分は豊島区になるのだから、この板橋区東口は北区・豊島区・板橋区にまたがっていてややこしい。

迷い込んで偶然に発見することがよくあるように近藤勇の石柱の墓もこんな所にある。板橋駅が完成した大正の終わりごろは、あたり一帯は田圃だらけの寂しいところであった。駅前のロータリーから道路をはさんだ東側の一角は少しだけ木立なっている。ビルの窓から漏れてくる明かりや外灯の光が勇の墓の威容を薄暗闇のなかに浮きたたせて見せる。冬の夕暮れ時にその冷え切った石柱に触れてみると、無残に死んだ者たちの名前一人一人彫刻んだ無念の執念に感嘆せざるを得ない。

江戸と京都を結ぶ中山道

中山道《なかせんどう》は江戸と京都を結ぶ五街道の一つだが、木曽街道ともいう。また東山道ともいう。馬《ま》籠《ごめ》から贄《にえ》川までの一一宿を結ぶ木曽街道のうちにあったからである。藤村の『夜明け前』は「木曽街道はすべて山の中にある」から始まる。深い森林地帯を貫く一筋の街道にある馬籠は美濃境の近くの木曽一一宿の最初の入口なので、黒船来航の噂は馬籠の宿を根底から揺さぶった。

中山道は草津で東海道と合流する。板橋宿は江戸方面から今の滋賀県守山市まで六七宿、草津・大津の両宿を加えて六九次とした。板橋平尾宿には東海道の静ヶ森、日光街道の小塚原《こつかはら》と同じように刑場があった。

板橋宿は江戸方面から平尾宿、中宿、上宿の三宿からなる。旅籠《はたご》屋、遊女屋が軒を並べ、一八四〇年代の江戸天保期には遊女屋が二八軒もあった。とくに遊女屋は平尾宿に集中した。一八四三年代の江戸天保期ごろの下板橋村の家数は五七三軒で、人数は男一〇五三人、女一三九九人、合計二四四八人であった。女の数が多いのは旅籠屋で働く飯盛女が含まれているからである。

江戸幕府第一四代将軍徳川家茂《いえもち》（在任一八五九―一八六六）と孝明天皇（一八三一―一八六七。明治天皇の父）の妹和宮《かずのみや》の結婚の時、板橋の飯田屋宗兵衛の宿が和宮の宿舎になった。この結婚はいわゆる公武合体構想による「和宮降嫁《かずのみやこうか》」と呼ばれている。一八六一年（文久元年）一〇月二〇日、和宮は京都桂御所を出発して一一月一五日江戸に到着したが、その前日に板橋の宗兵衛の宿に泊まったのである。ちなみに慶応四年（一八六八）一月三日下総流山《しもふさながれやま》で捕らえられた近藤勇は四月四日から二三日まで平尾宿の豊田家に幽閉されている。

近藤勇が処刑される一年三ヵ月前の慶応三年（一八六七）二月九日、漱石は新宿牛込喜久井町で生まれた。現在の早稲田大学文学部の馬場下町の交差点から二、三〇メートル先を早稲田通りから夏目坂の方へ右折するとすぐ左手に漱石誕生の地を示す石碑が立っている。この一帯は群馬の豪族大胡《おおご》氏が小田原北条氏からこの土地を与えられて牛込氏に名を改めたが、小田原北条氏滅亡後は旗本として徳川家に仕えた。近藤勇は一八三四年（天保五年）一一月九日の生まれだから、漱石より三三歳（一世代）年上ということになる。

近藤勇と漱石

近藤勇と漱石の共通点を探すとすれば、二人が末子で養子になったことぐらいだが、勇が武州調布の百姓の末弟に生まれて養子となり、漱石は五男三女の末っ子で乳呑子さながらの状態で父直克の知り合いである四ッ谷の古道具屋に里子として預けられ、間もなく連れ戻されて明治元年一一月には内藤新宿の塩原昌之介とやす夫婦の養子に出された。

勇の生家は現在の調布市野水一丁目の五である。中央線武蔵境駅から是政行きの西武多摩川線の多摩駅で下車、駅ホームの北側の踏切を渡って東に五〇〇メートルほど歩くと勇の生家がある。道路を挟んで向かいにあるのが勇の娘婿であった近藤勇五郎が明治八年に経営した撥雲館という道場だ。勇の生家の前の道路は人見街道という。

生家から人見街道をさらに一〇〇メートルほど先に生家の菩提寺龍源寺がある。勇の墓はその龍源寺の墓地にある。勇の生家の裏は野川公園で、その北が国際基督教大学の校舎になる。公園と大学の間を野川が多磨霊園の北から東南方向に流れる。南は調布飛行場、東は東京天文台と大沢雑木林公園という広大な土地に囲まれた環境からも、勇の時代のこのあたり一帯は江戸の食料と薪炭《しんたん》を供給する一大生産地であったことを如実に物語っている。

表面上は勇と漱石の二人の関係は何もなかったとしても、漱石が明治三九年に狩野亨吉《かのうこうきち》や若杉三郎などにあてた書簡から漱石の意識に維新の志士に対する強い思いがあったことは間違いない。その「維新の志士」が漱石にとって佐幕派なのか勤王派なのか、漱石の著作から知ることができない。

書簡ではとにかく大学の教師を早く辞め、「本格的な明治の文学」を志したいと、漱石はその気持ちを吐露している。若杉三郎への手紙では「かのグータラの金持ちどもが大臣に下げる頭を、文学者の方に下げるようにしなければならない」と書き、狩野亨吉には「僕は世の中を一大修羅場と心得ている。花々しい討ち死にをするか敵を降参させるかどちらかにしたい」とその物騒な心情を伝えている。事実、漱石は手紙の翌年には東京大学の英文学の教師を辞め朝日新聞社に入社した。

明治三九年一〇月二六日の鈴木三重吉への手紙で漱石は、「ただ一つ教訓したきことがある」と前書きして「僕は一面において俳諧的文学に出入りすると同時に、一面においては死ぬか生きるか、命をやりとりする様な、維新の志士の如き激しい精神で文学をやってみたい。間違ったら神経衰弱でも気違いでも入牢でもする了見でなければ文学者にはなれまい」と教え子にかなり酷な説教をしている。

当時、まだ東大英文科の学生であった鈴木三重吉が漱石にどのような返事をだしたのかはわからない。この年の四月漱石は高浜虚子が主宰する俳句「ホトトギス」に『坊っちゃん』を発表した。『坊っちゃん』は『吾輩は猫である』の連載を中断して一気呵成に書き上げた。

漱石の父小兵衛直克は牛込馬場下の名主であった。名主は代官の支配を受けながら庄屋の下で村内の民政をつかさどる役人で身分は百姓か町人で名字帯刀がゆるされる。江戸には町奉行支配下で町方を担当する名主が二一番目まで編成されていたが、代々二〇番目の肝煎《きもいり》（名主）であった小兵衛直克が、なぜ生まれたばかりの金之助（漱石）を養子にだしたのかわからない。

漱石の母千枝が後妻だったためか、維新政府のドサクサが重なったためかもしれない。漱石が生まれた時、父は五〇歳であったというから子育てが面倒だったのか、経済的に自信がなかったのか、それとも子のない塩原昌之助夫婦に同情したのか、いずれにしても無責任の感じはぬぐえない。この父直克も明治三〇年、漱石が熊本五高の教授時代に七九歳で亡くなっている。

三多摩の百姓剣法

近藤勇の父は宮川久二郎という武州調布村上石原の百姓であったが、武道の稽古道場を持っていた。百姓とは言っても宮川家の屋敷の面積は七〇〇平方メートル（二一一坪）もあった。周囲はケヤキやカシなどが生い茂る広大な土地である。父は自宅の道場に月三回、天然理心流の達人であった近藤周助をわざわざ江戸牛込二十騎町から呼んで、自分の息子たちや近隣の若者たちに教えてもらった。

二十騎町は漱石が生まれた牛込喜久井町からさほど遠くない。夏目坂から大久保通りへ出て、大久保通りを飯田橋方面に長い下り坂を歩く。外苑東通りとの交差点を過ぎるとまた上り坂になる。左手が山吹町で右手の道路沿いが甲良町だ。その裏手が二十騎町になる。

勇は三兄弟の末弟であったが、年少のころから腕っぷしが強く、とくに父に可愛がられ思うままに育った。勇は武闘に天性の才能があったのだろう。一五歳で師範の代稽古までするようになっていた。とくに勇の骨格はずばぬけて大きく、顔は角張、眼光鋭く、その風貌と剣術の技量とを合わせて近隣にその名が知れわたっていた。

勇はそのうち出稽古にやってくる指南役近藤周助に見込まれて周助の養子になった。周助は八王子を中心に府中、上石原、日野などに小さな道場をいくつも持っていたので、門弟は三〇〇人を超えていた。勇が近藤周助の養子になったのは一八四九年（嘉永二）の一五歳のときだ。この年三月アメリカ軍艦プレブル号が長崎に来航して漂流民を受け取り、一八五一年一月には土佐の漁師中浜万次郎がアメリカ船に送られて琉球に上陸していた。

ペリーが軍艦四隻を率いて一八五三年（嘉永六）六月九日浦賀から江戸湾に入った時は、近藤勇は一九歳という最も気力、体力の横溢している頃であった。勇は義父周助の後を継いで、八王子・日野・調布などの道場を順繰りに回っていた。

勇の剣法は天然理心流という。門弟の多くは武士ではなく、勇と同様の百姓上りであったので、武衆三多摩の百姓剣法と皮肉られた。しかしもともとこの多摩郡は徳川直轄の天領（幕領）であったので、代々徳川に対する特別な思い入れがあった。千人同心は、平時は農耕に従事しながら軍事訓練を行っていた。幕末には講武所奉行、さらに陸軍奉行に属したが、慶応二年には千人隊と改称した。

ちなみに千人同心は「八王子千人同心」とも呼ばれ、その始まりは甲斐国（現在の山梨県）に由来する。九人の小人頭《こびとがしら》とその配下の人々で、武田信玄で有名な武田氏の家臣であり、千人同心は武田氏と大変ゆかりが深いと言われている。

百姓一揆とペリー来航

関東地方の農村に武芸稽古が増えたのは、松平定信（陸奥国白河藩第三代藩主。第八代将軍徳川吉宗の孫）の農政に重点を置いた農政の改革からである。一七八七年（天明七）は全国一斉に打ち壊しが勃発した。その年の相模国久井県では幕領農民の打ち壊しがあった。すでに四年前の天明四年には武蔵国多摩郡三七ヵ所の農民による雑穀買い占め反対の激しい打ち壊しが起こっていた。

寛政改革が行われる一年前の定信の農政改革はとくに幕領（天領）の営農に力を入れ、一揆騒動の再発防止のための自衛的手段として富農層に武芸習得を勧めた。勇が生まれた天保五年前後の一八三〇年から三四年の間に約五〇〇件の強訴・一揆・打ち壊しが起こっている。驚くべき打ち壊しの数字である。とくに一八三七年（天保八）の大坂奉行元与力大塩平八郎が組織した一揆は幕府に前代未聞の影響を与えた。

当時、江戸には数ある剣術道場の中で北辰一刀流や神道無念流が主流であった。とくに千葉周作が日本橋に開いた北辰一刀流の玄武館は多くの門弟を集め隆盛を極めていた。坂本竜馬が免許を得た北辰一刀流は千葉周作の弟定吉が京橋桶町に経営する道場であった。龍馬が千葉道場に入門したのはペリー来航のときである。

いっぽう神道無念流は福井兵右衛門が一七四〇年に江戸四ツ谷に道場を開いたのが最初である。その後、戸賀熊太郎を経て岡田十松吉利が神田猿楽町に撃剣館と称する道場を開いてから門弟は全国に広がった。千葉の玄武館や鏡新明智流桃井春蔵の士学館とともに江戸三大道場の一つと言われた斎藤弥九郎の神道無念流練兵館からは渡辺崋山、藤田東湖、芹沢鴨などの人物が続出した。渡辺崋山も太平洋に突出する渥美半島の田原藩に属していたので、出没する外国船打ち払いのため早くから剣道修行に勤《いそ》しんでいた。

ペリー来航に衝撃を受けた幕府は手っ取り早い手段として講武所の男谷精一郎を剣術指南にして、江戸三大道場の流派の外に田宮流、直真流、心形刀流、忠也派一刀流からそれぞれの教授方を選んだ。講武所は幕府が設置した軍事訓練所である。勝海舟も砲術の指南役に選ばれている。

ペリー来航の衝撃は幕府だけではなく諸藩の武士にも脱藩という形になって現れた。初期の脱藩者で著名な武士は吉田松陰、武市瑞山《ずいざん》、坂本龍馬らである。新選組の永倉新八などは代々の江戸屋敷勤務の松前藩の子弟であったが、神道無念流の剣術熱が高じて脱藩した多くの若者の一人であった。当時、攘夷の熱に浮かされた全国各藩の子弟や脱藩者が「異人切り」と称する物騒なイデオロギーに触れて幕末の江戸に集まった。

近藤勇の天然理心流

天然理心流は近藤内蔵之助長裕《ながひろ》が香取鹿島神宮に祈願したときに極意を悟ったという天真正《てんしんしょ》伝《でん》神道流祖飯篠長威斎《いいささちょういさい》という長たらしい名の人物の後裔ということで、寛政年間に江戸薬研堀《やげんぼり》に道場を開いたのが最初である。

飯篠長威斎は一五世紀後半の下総国香取出身の伝説的な人物である。塚原卜伝は鹿島神宮の神主の家に生まれ、父からは鹿島中古流を学び、養父の塚原土佐守から飯篠長威斎の天真正伝神道流を習得して自らは「一つの太刀」と称する神道流の奥義を開眼した。卜伝は一五七一年に八三歳で亡くなった。当時の年齢としてもまた剣豪としても破格の長生きであった。

香取・鹿島神宮と言えば、鹿島神宮が武甕槌《たけみかづち》で香取神宮は経津主神《ふつぬしのかみ》が祭神である。いずれも藤原氏の氏神で恐るべき殺戮を象徴する剣の神だ。伊邪那美《いざなみ》命は火の神の迦具土《かぐつち》を生んだために火傷《やけど》して死んだ。怒った伊邪那岐命が十拳剣《とつかのつるぎ》を抜いて迦具土神の首を切った。するとその剣の先についた血が神聖な岩の群れに飛び散って生まれた神が石拆《いわさく》神、根拆《ねさく》神、石筒《いわつ》神神で、そして剣の本についた血が神聖な岩に飛び散って生まれた神は甕速日《みかはやひ》神、樋速日《ひはやひ》神、そして武御雷之男神またの名は建布津《たけふつ》神、豊布都《とよふつ》神である。

天然理心流の初代長裕は子どもがいなかったので、武州南多摩郡戸吹村（八王子）の名主の五男三助方昌《さんすけのぶまさ》を養子にもらった。方昌にも子がなかったので百姓出身ではあったが、門弟の中で見どころのある小山村（町田市）の周助邦武を養子にして天然理心流を継がせた。勇は天然理心流の四代目となった。

二代目三助は激しい気合を発して相手の戦意を喪失させるというまれにみる気合術の達人であった。三代目の周助が天保元年に江戸牛込に試衛館という名の道場を開いたのは勇が生まれる四年前である。勇は三代目周助の伝統を受け継ぎ、気組《きぐみ》という気合いで相手に肉薄して相手の刀を抑え込み、突きで仕留める技を習得した。要するに勇は骨を切らして相手の命を絶つ荒っぽい剣法である。

幕末剣術界では竹刀打込み稽古が主流であったが、勇の天然理心流の稽古は木刀が中心であった。その木刀も通常の三倍の重さで、柄《つか》の部分は握り締めて余りあまる太さであった。そのため天然理心流は田舎剣法と呼ばれ、イモ道場と揶揄《やゆ》された。

天然理心流の免許皆伝の極意に「月波剣」は「荒磯にくたけてそ寄る月影を　まとかになしてかえる月かな」とか、また「応体剣」の「鍔《つば》責のめてに手柄は無き物そ　弓手にこころいれて押へし」とか、また「虎口剣」では「動くとも我はうこかす寄るとなく　あうんのうちに虎のひと口」とか歌に託して剣法の極意を説くあたりは、田舎臭く、門弟集めに一工夫した節がうかがえる。

策士清河八郎

さて、一八六三年（文久三）二月八日に新徴浪士隊一同二三〇名が板橋宿から木曽路を経て京都に向かってから、勇が板橋で処刑される一八六八年四月までの五年間に暗殺・襲撃・病死・切腹・仇討・粛清・報復・喧嘩で命を亡くした者は新選組内で一一〇名におよんでいるのは、驚くべき凄惨な話しである。また一方では正規の戦闘をのぞいても新選組は数えきれないほどの浪士や志士を殺戮している。

近藤勇が新選組を名乗るまでの経過がすこしわかりにくいので、その経過を簡単に説明させていただく。幕府が攘夷論者の討伐のために諸国の浪士を募集して作った組織が新徴組である。浪士隊の結成によるいわゆる新徴組は、一八六二年（文久二）尽忠報国《じんちゅうほうこく》（忠義を尽くして国家に報いること）の名のもとに、政事総裁の職にあった松平春嶽《しゅんがく》（越前国福井藩主第一六代）が中心になってこの計画を進めたことになっているが、実際は庄内藩出身の郷士清河八郎が画策していた。

清河八郎は一八歳で江戸に出て千葉周作の道場で北辰一刀流を学んでいる。その後四国・九州を旅行して真木和泉・平野国臣らと親交を結び、熱烈なる攘夷論者になった人物である。文久二年二月四日に小石川伝通院に集まった入隊希望者は採用の五〇名を超える二五〇名以上であった。

伝通院処静院住職琳瑞和尚は清河八郎のよき理解者であったが、幕府は清河一人では信用にかけるので旗本山岡鉄太郎と松岡万《よろず》を取締役に起用した。浪士隊は二三四名を七隊に編成し、伝通院に集まった四日後の二月八日に出発して二月一五日に京都に到着している。

しかし浪士隊が到着したその夜、尊王攘夷派であった策士清河八郎は「公武合体の実を上げるべく将軍家茂《いえもち》の守護が我々の目的になっているが、本当のことを言うとひとえに尊王攘夷の先兵となることだ」と本音をぶちまけた。ところが浪士のほとんどが尊王と佐幕の区別がつかない。しかしなんとなくおかしい。清河はすでに浪士隊一同の名を天皇側に報告していた。

ちょうど近藤ら浪士隊が京都に落ち着いたころ、前年八月に起きた生麦《なまむぎ》事件が尾を引きイギリス艦隊が横浜に集結したので、清河は浪士隊を横浜で攘夷させるべき朝廷の許可をとって三月一三日を出発と決めた。一方、清河に裏切りられたことを知った老中板倉周防守が浪士隊を京都においてはまずいので横浜に呼び戻そうとした。この点では清河と幕府の考えが一致していたのだから、振り回されたのは近藤ら浪士隊であった。

近藤勇と芹沢鴨らはようやくこの清河の奇妙な言動に気がついた。近藤は清河に「我々は幕府の命令で集まったものだ。たとえ関白よりいかなる命令があったにせよ、将軍家の御沙汰がなければ京を離れない」と迫った。それまで控え目な態度であった近藤勇が鬼のように怒ったのだから迫力があったにちがいない。結局、近藤ら一三名は帰還組と袂《たもと》を分かち京都守護職会津藩主松平容保の支配下に入った。この時の芹沢鴨の天狗党グループと近藤勇の試衛館グループの一三名が新選組を名乗ることになる。

子母沢寛の『新選組始末記』

ちょうど明治元年（戊辰）の一八六八年から干支一運六〇年経った昭和三年（一九二八）八月の戊辰の年に子母沢寛《しもざわかん》は万里閣書房から『新選組始末記』を出版した。いま私の手許にあるのは子母沢寛全集一巻の『新選組始末記』だが、この全集は昭和三七年一〇月の刊行だ。子母沢寛は『新選組始末記』の「あとがき」で「近ごろ妙に新選組が話題になって、いろいろな相談を受けたりするが、私は先ず第一番にいうのである。新選組は京都守護職支配下の役人、警察隊の一グループである。まずそれをわかっていただければ、かれらのやったことが御理解できるでしょう」と書いている。

子母沢寛のいう「近ごろ」とは、全集の刊行が一九六〇年になるから昭和三五、六年頃を指している。子母沢寛は明治二五年に北海道で生まれている。祖父は戊辰戦争のとき上野寛永寺に籠って大村益次郎が指揮した官軍に抵抗して死闘を繰り広げた彰義隊の生き残りである。

梅谷十次郎とも斎藤鉄太郎とも名乗るこの祖父は、明治三年ごろ仲間の六人と日本海の石狩湾に面した厚田に移り住んだ。そこは古くからニシン漁場ですでに六〇戸ほど家があった。祖父はまもなく料理屋を兼ねた角鉄という屋号の旅館を営んだ。子母沢寛は生後まもなく父母と別れ、この彰義隊の生き残りで背中に入れ墨をした祖父梅谷十次郎の長男として入籍された。子母沢寛が幼くして父母と別れた理由はよくわからない。良くも悪くもこの祖父に溺愛された幼少年期を過ごしたことは、子母沢寛の人格形成に大きな影響を与えたのだろう。

『新選組始末記』の奥付は本名の梅谷松太郎になっているが、当時、子母沢寛は大森新井宿子母沢に住んでいたので、その地名をペンネームに使った。維新で生き残った人たちの話をまとめた『新選組始末記』は斬新かつ衝撃的であった。子母沢寛の独特な「聞き書き」スタイルは、東京日日新聞社会部記者として培われたものだった。『新選組始末記』が出る前に、西村兼文《かねふみ》の『壬生浪士始末記』や『新選組永倉新八』が出版されている。西村は西本願寺の寺侍だったので、新選組が西本願寺に屯営していた頃の見聞録を発表した。『新選組永倉新八』は、永倉新八の息子の義太郎が昭和二年に亡父の一三回忌に親戚や関係者に私家版として配布したものである。この本の中身は、大正二年三月一七日から六月一一日まで『永倉新八』のタイトルで小樽新聞に連載された永倉の回顧録である。永倉新八から聞いた話をまとめたのは小樽新聞社の記者吉島力であった。ちなみに明治四四年二月から東京毎日新聞に、鹿島淑男による近藤勇の伝記が連載され、この年の七月『実伝剣戟近藤勇』と題して単行本で出版されていた。

『大菩薩峠』の机龍之介

中里介山が『大菩薩峠』を都新聞に連載したのは一九一三年（大正二）からである。永倉新八の回顧録が小樽新聞に連載された年だ。介山は『大菩薩峠』で机龍之介という摩訶不思議な主人公を作り上げ、その後の時代小説、いわゆる大衆文学に大きな影響を与えた。

この主人公は武州御岳山の麓にある青梅沢村で道場を営む机弾正の息子であった。机龍之介が御岳山の奉納試合で甲源一刀流の指南宇津木文之丞を打ち殺し、文之丞の妻のお妻を連れて江戸に逃げるところからこの膨大な小説が始まるのだが、その江戸の隠れ先が清河八郎の暗殺をたくらむ近藤勇や土方歳三の新選組だった。近藤勇と机龍之介が初めてかわす次の場面が印象的である。

この時近藤勇はふと一座の一隅を振り返って、吉田氏、吉田氏と呼ぶ。近藤はさきほどから眠っていた一人の男を押しゆすった。瞬きしながら眼をさましたのが机龍之介である。机龍之介は近藤と土方とは同国のよしみで、しばらく新徴組に姿を隠していた。

龍之介は呼び醒まされ眠りすごしたと一言。龍之介は刀をとって一座の方へ進み寄る。土方歳三が、吉田氏、みんなこの通り用意ができたと言う。それでは拙者も、と龍之介は身ごしらえをしながら、相手は清河一人かと土方に聞く。

この物語では土方歳三を頭とする十数人の暗殺集団が、清河八郎の乗った駕籠《かご》のあとをつけ鶯谷から新坂を下りた坂下あたりの原っぱで清川八郎の駕籠を襲撃する。しかし駕籠に乗っていたのは清河ではなく島田虎之介であった。暗殺集団は島田一人に一三人も切り捨てられ、土方歳三と机龍之介だけになる。

この島田虎之介は実在の人物で、当時、直真院流の剣客として江戸で名を知られていた。勝海舟は一二、三歳から二〇歳まで島田虎之介に剣術と禅の指導を受けている。その後、龍之介は新徴組とともに江戸から京都に移動する。机龍之介は芹沢鴨と近藤勇の対立に巻き込まれ、芹沢に近藤勇の暗殺を頼まれるが、その前に近藤勇は配下の者に芹沢を襲撃させ、殺害する。机龍之介は京から大和八木に落ち延び、天誅組に入る。この天誅組は土佐藩を脱藩した吉村寅太郎がオルグした尊王攘夷の過激派であった。

大仏次郎の『鞍馬天狗』

一九二四（大正一三）に発表された大仏次郎の『鞍馬天狗』も近藤勇の存在が欠かせない。勤王の浪士鞍馬天狗は新選組や見回組を斬る役目であった。見回組は新選組とともに京都守護職松平容保の指揮下にある幕府の警備隊である。江戸から近藤勇を首領とする暗殺団の新選組が送られてくるというので、その密書を奪いとるのが鞍馬天狗の仕事だ。

鞍馬天狗は近藤勇を斬るためなら手段を選ばない。しかしその鞍馬天狗も愛する杉作が近藤勇に救われたことから、近藤勇に共感をいだくようになる。そして次第に鞍馬天狗は尊王も佐幕もなくなり、組織も制度もこえた友を周囲に形成していく。

物語では恐るべき近藤勇も気性の高潔な根は優しい人物に変貌していく。鞍馬天狗は勝海舟とも近藤勇とも親しく交わるようになる。生涯一七〇人を斬った鞍馬天狗が、ついには「人を殺ろしてはいけない」という心境に達する。この膨大な物語を雑誌「すばる」（二〇〇三年二月号）で『鞍馬天狗と遊ぶ」と題して要約した川西政明の力量は称賛に値する。

大仏次郎は明治三〇年生まれで中里介山は明治一八年の生まれだ。子母沢寛はちょうど中間の明治二五年の生まれになる。大仏も子母沢も中里介山の影響を受けている。介山から大仏次郎まで明治一八年から三〇年の間に生まれた作家による近藤勇が登場する大衆小説の意味は大きい。

なぜならば明治維新から六〇年たった昭和三年前後に日本の大衆小説のブームを巻き起こしたのは、幕末維新をテーマとする時代小説であったし、その後の時代小説すなわちチャンバラ劇（剣戟小説）の基礎を築いたのが大仏次郎や子母沢寛と同年生まれの吉川英治（一八九二―一九二六）であった。明治・大正・昭和の三代を生き抜いた長谷川如是閑が大衆小説の出現を「封建的ロマン主義への逆転」と指摘したが、このことはいみじくも大衆小説をどのように考えるかの起点になるからである。

聞き書きスタイル

『新選組始末記』の巻末に添付された佐々木鉄之助の「永倉翁の俤《おもかげ》を偲《しの》びて」によると、当時、報知新聞社通信員の嘱託をしていた佐々木に、「永倉新八という新選組の勇士の一人が、小樽区花園町に居住している。東京毎日新聞で新選組隊長の近藤勇の伝記を連載しているので、事実と相違しているところがないか確かめたい。永倉老人に直接会って談話をとって欲しい」という連絡が本社の通信部長から入った。

佐々木は手数がかかる億劫な仕事だと思いながらも、興味があったので小樽に出向いた。小樽で佐々木は永倉新八なる人物が佐々木の友人である杉村義太郎の父であることを教えられた。その時、永倉新八は七七歳であった。

子母沢寛の『新選組始末記』が出版されたころには、新聞記者による新選組の取材や連載が始まっていた。子母沢寛は先人のジャーナリストが残した「聞き書き」スタイルを、『新選組始末記』に試みたのである。子母沢寛が新選組のことを根ほり葉ほり聞くようになったのは、大正二、三年ころであった。

当時、子母沢は幕末維新史の権威であった尾佐竹猛（一八八〇—一九四六、大審院判事）、井野辺茂雄、藤井甚太郎（一八八三—一九五八、日本史研究者）などを訪れていた。当時一流の研究者を訪問できるのは新聞記者の特権でもあった。昭和に入ってから子母沢寛は事にかこつけて京都通いを敢行した。夜行で行って翌日いっぱい京都を歩き回り、また夜行で帰ってそのまま新聞社に出勤した。

尾佐竹猛は「一〇年やればどんな馬鹿でも並みにはなれる」と子母沢を励まし、藤井甚太郎は「史料は糞でも味噌でも手の届くかぎり漁れ、品別はやっているうちに自然にわかってくる」と忠告した。この二人の先輩は理にかなった取材方法を子母沢に教えた。子母沢は幼児の頃から祖父の話は聞きなれている。

子母沢寛にとってはこの二人の先輩の教訓は肝に銘じたにちがいない。しかも維新の生き残りであった祖父の世界を再現する仕事である。子母沢寛が燃えない理由はない。祖父の話同様、生き残りの老人の話は曖昧で疑わしいものであったが、子母沢寛は単なる「歴史」というものではなく、まさに見聞きした人たちの話そのものの面白さを再現するべく努力した。

伊東甲子太郎の暗殺事件の翌朝、油小路辺りの町屋で見たという肉片が壁にくっついていた話や、血まみれの親指が落ちていたという四つ辻の麻屋の老母の話も不気味で生々しい話であった。八木為三郎から芹沢鴨が下帯一つない素っ裸で女と一緒に殺された話を聞いた時は、子母沢も恐ろしく身の毛がたつほどゾッとしたのであった。

老人たちは歴史の衝撃的な一場面を、あたかも今そこにいるかのように「これは秘密ではありますが」と恐る恐る辺りをキョロキョロ見回しながら子母沢に話すのであった。

近藤勇という男

『新選組始末記』は「近藤勇の道場は、小石川柳町の坂の上にあった」という文章で始まる。近藤勇の風貌は、天然理心流の剣士で土方歳三の義兄にあたる日野彦五郎とおのぶの間に生まれた佐藤源之助俊宜の談話による。源之助の母おのぶは土方歳三のすぐ上の姉であった。歳三は兄弟四人、女一人の末っ子である。

「勇は、道場での立会いに、少し反り加減で、腹をぐっと出した構えである。けっして名人ではなかったが、こせこせした小技のない、がっしりした手堅い剣法であった。ぴーんと、うまく小手にはいると、大概の相手は竹刀を落とした。口の大きい眉の迫った顔付きであるが、いつもにこにこしている上に、両頬に大きな笑窪ができるので、会った感じはもの優しい、いいところがあった」

「そして勇はよく自分の拳《こぶし》を口の中に出し入れしては〝むかし加藤清正は、口が大きくちょうど自分のように自由に出し入れしたというが、自分も加藤のように出世したいものだ〟と笑いながら言った。しかし、ちょっと見たところ、拳が入るほどの大きさには見えなかった」という旧新選組伍長島田魁翁の遺談も面白い。

近藤勇が自分の拳を口に出し入れして見せた話は近藤の茶目っ気と人懐っこい性格を表している。拳の出し入れの話は司馬遼太郎やその他の作家にも紹介されているが、出所は子母沢寛が直接聞いた話ではなく、子母沢が史料から引用したことがわかる。史料と聞き取りが交互に進みながら、事件の全貌を明らかにしていく子母沢寛の手法はリアルで新鮮だ。

「勇は道場のある家へひとまず草鞋《わらじ》をぬいで、そこで四日なり五日なり教えて、また次の道場へ行く。勇の来ないときは沖田総司がやってきた。しかしこの人は自分のできる割に、教えかたが乱暴で、お負けになかなか短気であったから、門弟たちは勇より怖がっていた。多摩の方は門弟といっても武士ではなく、多くは百姓の青年で、これが道場に来るには、大小をさして羽織を着てくる。みんな二里、三里は平気で通った」

「勇は日頃の挨拶や、雑談の時には細い声であるが、いざ立ち会いになると、その掛け声の大きく、激しいことは、相手の腹へビーンビーンと響いた。ええッ、おおッ、という声で、太い強い人はたくさんいるが、勇のは調子の高い細い声で、しかもそれが腹の底から出るので、実に鋭いものであった」

この談話も先の佐藤源之助の話である。佐藤源之助は昭和三年ごろ日野で郵便局長をやっていた佐藤仁という人の父親だ。このようなのどかな情景からも、勇が一剣術道場の指南役として、またごくあたりまえに和気あいあいと道場の経営に勤しんでいたことがわかる。

勇は自らの剣術道場の試衛館をたたんで、一介の浪士であった清河八郎と幕府の要員であった山岡鉄太郎が計画した幕府公認の「浪士募集」に応じてからは、当時の武士がすでに失っていた誠実、度胸、胆力、度量、教養などその才能をいかんなく発揮した。

しかしそれが勇にとって幸いであったのか、それとも不幸であったのか、おそらく幕末の激動期でなければ、勇はおそらく平凡な町道場の一人の指南役として人生を終えたに違いないが、のち板橋の刑場で露ときえたのは哀れなことである。

里子に出された漱石

私はいま漱石のことを考える。漱石は『吾輩は猫である』の途中に『坊っちゃん』を発表して国民作家としての地位を築いたが、翌年、朝日新聞社に入社して職業作家としての道を選んだ。ほぼ同時に出来上がった二つの初期の作品に一つの共通性がある。作品の冒頭に作家の秘密が隠されていると言わなければならない。『吾輩は猫である』は「吾輩は猫である。名前はない」という書き出し始まる。この猫はどこで生まれたか頓と見当がつかぬと言う。そしてただ薄暗いじめじめした所で泣いていたことだけは記憶している。

猫が初めて見た人間、それはたまたま書生という当時の学生身分のものだが、なぜ、猫を捨てる者が書生でなければならないのかわからないが、とにかくこの書性がどこかの笹原に「吾輩」を捨ててしまったのである。つまりなんのことはない。吾輩は捨て猫であった。「ふと気付いて見ると書生はいない。たくさんおった兄弟が一匹もいない。肝心の母親さえ姿を隠してしまった。その上いままでの所とは違ってむやみに明るい。眼を開いていられぬ位だ。果てなんでも様子がおかしいと、のそのそ這い出してみると非常に痛い。吾輩は藁《わら》の上から急に笹原の中に捨てられたのだ」

この捨て猫は、すぐそのあとに自分の住家となる主人に遭遇する。主人は職業が教師で大変な勉強家だが、胃弱でいつもタカジアスターゼという胃薬を飲んでいる。ここでわかることは、捨て猫の描写は漱石が赤子のときに里子に出され、実家に戻されたがまた二歳未満で養子に出された経験を強烈に物語っている。胃弱の教師は今の漱石である。一歳になるかならぬかの乳呑子で里子に出された幼児の金之助と四〇年近くたった大学教師の奇妙で不思議な物語である。『吾輩は猫である』は風刺と滑稽と笑いによって構成されている。根底には存在の危うさ、不幸、悲劇が流れている。不幸はさほど大きな不幸ではないが、誕生と不条理の世界に投げ込まれた存在は不幸にもなり、幸福にもなるが、場合によってはどちらでもない不確かの存在である。

その存在の危うさは決定されていたものではなく、いま発見されたものであり、発見されるや否や同時にそれから解放されるものである。それらは廃棄され固められる。投げ返されるために捨てられる。意識と存在の奇妙な割れ目から、執筆の根源的な力が溢れでている。『吾輩は猫である』を執筆する時点で、漱石は晩年の作品『道草』や『硝子戸の中』の場に立っている。笑いと風刺と滑稽は不幸と悲劇の裏返しになっている構造であるが、その構造があるからこそ、漱石が志向した明治の文学の本質がある。それは作家が作家になるためにまず前もって露わにしなければ自由になれない存在の根拠である。

自由は存在の根拠であるが、存在の根拠とはかつてあったものだが、自由をいつまでも拘束することができず、いまはないが、けっして放置してそのまま通り過ぎることのできない、先回りしている奇妙でファンタスティックでふわふわ浮かんでいる雲のようなつかみどころのないものである。

いみじくも、明治三九年八月七日の畔柳芥舟《くろやなぎかいしゅう》にあてた手紙で漱石は「『猫』は総体が風刺だ。現代にあんな風刺はもっとも適切と思い、『猫』に収めた。もし個性論を論文として書けば、反対の方面と双方の働きかけるところを議論してもらいたい」と語っている。

畔柳芥舟は明治四年生まれの英文学者であり、一高教授で文芸評論家としても活躍した。漱石がいう「反対の方面と双方の働きかけるところ」というのは、風刺の反対を意味する悲劇か不幸の類になる。その双方の働きかけとは、まさに際どい割れ目から立ち上がる噴煙を見ることである。

「切れというから切る」

『坊っちゃん』は漱石が一〇日前後で書き上げたと言われている。この作品は明治三九年四月に高浜虚子が主宰する「ホトトギス」に発表され、この年の一一月には『吾輩は猫である』の中編が大倉書店から出版された。前年の一月に漱石は「帝国文学」に『倫敦塔』を発表した。この明治三八年から三九年にかけて発表された作品は次の通りである。三八年には『カーライル博物館』『幻影の楯』『一夜』『薤露行《かいろこう》』である。

ちなみに『薤露行《かいろこう》』は漱石の短編小説だが、アーサー王物語を題材にして創作した円卓の騎士ランスロットをめぐる三人の女性の運命を描いた。本作のテーマをめぐって後年、江藤淳と大岡昇平との論争がある。

三八年のこの年は『吾輩は猫である』の反響が大きく、漱石はいまでいうジャーナリズムの寵児となった。鈴木三重吉や小宮豊隆に「維新の志士」の手紙を書いたのもこの頃である。三九年には『草枕』『漾虚集《ようきょ》』を出版した。これらは朝日新聞に入社する前の作品である。「親譲りの無鉄砲で子供の時から損ばかりしている」という『坊っちゃん』の書き出しは素晴らしい。漱石の容貌からはもちろん、当時の教養人漱石から子供時代の漱石がけっして『坊っちゃん』の主人公のように無鉄砲で乱暴とは考えられないだけに、この意表を突いた小説は最初からフィクションの様相を呈している。

しかしあたかも現実を超えていながら、そこら近辺によくありそうな話から出発している。「小学校にいる時分学校の二階から飛び降りて一週間程腰をぬかしたことがある」と主人公は自分の無鉄砲を自慢しているが、小学校だから江戸でも幕末でもなく、明治五年に学制が布かれたことから考えても、漱石の小学校時代にあてはめると明治一〇年前後になる。

この一〇歳前後の少年が二階から飛び降りたのは、二階から首を出していたら同級生の一人が冗談に、「いくら威張ってそこから飛び降りることはできまい、弱虫やーい」と囃したからである。

「親類の者から西洋製のナイフを貰って友達に見せていたら、一人が光ることは光るが切れそうもないと言った。切れぬことがあるか、何でも切って見せると受け合った。そんなら君の指を切ってみろと注文したから、何だ指位この通りだと右の手の親指を甲を斜に切り込んだ。幸い、ナイフが小さいのと、親指も骨が堅かったので、今だに親指は手についている。しかし傷跡は死ぬまで消えぬ」

決意した人間

このような少年がいないこともないが、現実にはあり得ない。このような少年がクラスにいたら恐ろしくてだれも近付かないし、この少年の行為は言って見れば狂気の沙汰である。二階から飛び降りるまでは許されるが、刃物となると只事ではない。

しかし、只事ではないことを平気でやる少年は何事かを決意している。いや、もしかしたら、漱石は少年時代にナイフ事件に似たようなことを体験したことがあるかもしれない。

決意した者は少年であっても大人であっても老人であっても構わない。騎士物語を読み過ぎて鎧兜を身に着けて旅にでるドン・キホーテのような狂気かもしれない。あるいは牢獄のなかで『才知あふれる郷士ドン・キホーテ・デ・ラマンチャ』の執筆を決意したセルバンテスのような孤独な老人かもしれない。

その決意は時間と空間と場所と年齢を超えてはいるが、ある時代のある特定の時間に限定され、すでに今はもうないが、あまりにも強烈で忘れることのできない、深い地層から脈々と立ち上がってくる精神の陽炎のようなものだ。

漱石は狩野亨吉への手紙で「人生は一代修羅場だ」と書いた上で、「僕が何かをやろうとし出したのは洋行から帰った以後で、それはまだ三、四年経っていない。だから僕は発心してからまだほんの子供である」と書いていることからも、漱石の決意は明らかなことだ。

漱石が『吾輩は猫である』の連載中に『坊っちゃん』を執筆した理由がわかる。『吾輩は猫である』の冒頭に描写された「薄暗いジメジメしたところから拾い上げられ藁にくるまれ笹原に捨てられた猫」は漱石誕生のメタファーである。

「私は猫である」ことを語る決意をした猫はまさに漱石の化身であるが、漱石は執筆の動機になっている存在の故郷を寓話的にどうしても語らなければならなかった。それが『坊っちゃん』である。鈴木三重吉宛に出した手紙で「死ぬか生きるか、命のやりとりする様な維新の志士の如き烈しい精神で文学をやってみたい」と執筆の心構えを吐露しているのは、漱石の創作の原点に幕末維新のイメージがあったことは疑いない。

幽閉・絶望の倫敦塔

『坊っちゃん』の主人公が元は清和源氏で、多田満仲の後裔だと啖呵をきる場面があるが、たしかに坊っちゃんが旧幕臣の出であったり、山嵐が会津出身であったり、愛する清の墓が小日向の養願寺であったりで、京都守護職を担った会津若松藩主松平容保のもとで辣腕を振るった近藤勇や土方歳三など新選組佐幕派を連想しないでもないが、もとより近藤勇らには政治色ぬきで江戸徳川家に対する純粋な思いがあった。

それだけに漱石の言う維新の志士は近藤勇とその周辺の志士つながるのではないかと思われもするが、確たる証拠もない。ましてや漱石が近藤勇をどのように考えていたのか皆目わからない。しかし漱石は暴力、すなわち殺戮、暗殺、仇討、切腹など横行した幕末をどのように考えていたのだろうか。

維新の子であった漱石が暴力や死や恐怖に無関心であったとは思われない、漱石には『倫敦塔』という『吾輩は猫である』と同時期に書かれた処刑と断頭台をイメージさせる短編小説がある。漱石が留学先のロンドンで見たロンドン塔にまつわる悲劇的な話だ。一五世紀中ごろのイギリス王朝ヨーク朝で起こったエドワード四世とその子五世の歴史物語を題材としている。四世の長男エドワード五世は一歳で皇太子になるが、父王の死によって一二歳で即位する。しかし伯父のグロスター公リチャードによって弟ヨーク公とともにロンドン塔に幽閉され、庶子であることがわかり幽閉のまま殺害されるという実際あった話だ。

このリチャード三世はチューダー王朝の残酷非常な王としてシェークスピアの劇にも登場する。倫敦塔はまさに漱石をして幽閉・絶望・孤独・狂気・処刑・悲惨という人間が作り出す歴史が時間と空間を超えて強烈に空想させるピッタリの塔であった。

「人の血、人の肉、人の罪が結晶して、馬、車、汽車のなかに取り残されたるは倫敦塔である」「二〇世紀の倫敦がわが心の裏から次第に消え去ると同時に眼前の塔影が幻のごとき過去の歴史を我が脳裏に描き出して来る」「憂いの国の行かんとするものはこの門を潜れ。永劫の呵責に遭わんとするものはこの門をくぐれ」「塔中に生きながら葬られた幾千の罪人は皆船からこの門まで護送されたのである」「幾多の罪人を呑み、幾多の護送船を吐き出した逆賊門は昔の名残にその裾を洗う笹波の音を聞く便りを失った。ただ向こう側に存する血塔は壁上に大いなる鉄環が下がっているのみだ」

『倫敦塔』の冒頭は「二年の留学中に一度倫敦塔を見物したことがある。その後再び行こうと思った日もあるが止めにした。人から誘われたこともあるが断わった。一度得た記憶を二度目に打ち壊すのは惜しい。三たび目に拭い去るのはもっとも残念だ。「塔」の見物は一度に限ると思う」とある。

引用文中の「二年の留学」とは漱石が熊本の第五高等学校教授在職中の明治三三年一〇年に文部省より英国留学を命じられ、九月に横浜を出航し一〇月にロンドンに着き、二年の留学を終えて三五年一月に帰国した。ロンドン塔を見物したのは三三年一〇月三一日の日記に「倫敦塔」を見ると記録されていることから、ロンドンに到着早々ロンドン塔を見物したことがわかる。（『漱石全集第二巻』岩波書店参照）

◆おわりに

知の黄昏と知の誕生

暮れの日曜日、私はしばらくぶりで神田神保町に出かけました。前日、出版社から初校ゲラが月曜日の夕刻に出ることを知らされてうきうきした気分になったのです。散歩に神保町を選んだのは本屋を回るためでなく、揚子江の焼きそばがどうしても食べたくなったからです。

食事のあと小宮山書店の地下にある喫茶室でコーヒーを飲みながら私は薄暗い部屋の壁に貼ってある江戸の地図を眺めて江戸博物館に行って見ようと思って外に出ましたが、急に気が変わって東京堂書店に入り、三階の売り場に上りました。ここも私一人だけでした。哲学書のコーナーで度会好一の『明治の精神異説』という本を買いました。

「悩む精神に、明治の暗部を見る」「知識人の神経病……」という帯のコピーが私の注意を引いたのです。この本の「あとがき」は短いものでしたが、漱石の『こころ』と明治の精神について五行ほど感想が書いてありました。悩める明治人の精神病理の事例を上げて、漱石も子規も田中正造も木戸孝允も神経症に悩んでいたことや、大本教の祖出口なおの神がかりの話は、明治という時代はある種の狂気ではなかったかという私の想念にぴったりだったので、私は嬉しくなり雲ひとつない晴れわたった青空の下、靖国通りを九段の方に向かって颯爽と歩きました。私は歩きながら次のように考えました。


明治が狂気なのは、皇国の神話と頼朝以降の武力神話が結びついたからだ。維新の志士たちが荒唐無稽な万世一系天皇の神話を再生して近代化を図ろうとするのだから、論理的にも倫理的にも無理がある。近代化とはペリーが乗って来たような蒸気船を誰が早く手にいれるかの競争だったのだ。

蒸気船と天照神、蒸気船に乗った神武天皇、奇妙な組み合わせだが納得がいく。明治維新政府が、古代律令国家が作り上げた皇国神話を、武力集団の末裔たちが封建社会の崩壊過程において再生した万世一系のイデオロギーを土台とするかぎり、皇国の神話と武力神話が強く結託した明治時代が極めて暴力的であったのは避けがたい。

天武も持統も自らの祖先は太古の昔から倭国日本という国に誕生したという万世一系天皇の神話を完成することによって生き延びることができた。

天も地も草も木も山も川もこの地に生成したというフィクションは、東アジアの極東の地から海を渡り辛うじて倭国に王朝をつくった朝鮮渡来集団の末裔たちとってかけがえのないイデオロギーであった。この渡来王朝というトラウマこそ皇国神話を生み出す原動力となったのだ。

とこんな風なことを考えながら、何気なく武道具店のウインドウに目をやりました。すると、最上段の棚の太いまるで丸太棒のような木刀が目につきました。それが天然理心流の木刀であることがすぐわかりました。私はすぐ店に入り、一人の客と話しをしていた店の主人に近藤勇が使った木刀ですねと言うと、主人はそうです。いまでもこれを使って練習していますよと教えてくれました。両手で持って手にあまる木刀はまるで泥と水に漬かった稲杭のようにどっしり重く感じました。

私は、人を斬るため人に斬られないために闘う凄まじい光景を想像して一瞬身震いしましたが、ほぼ同時に百姓が杭をもって乱闘する百姓一揆のような場面も連想したので、殺気立った気分も霞のように消えてしまいました。

武道具店を出て九段の坂をのぼり靖国神社の境内に入ると、ほとんど人影のない広大な境内のはるか向こうに逆光を浴びた大村益次郎の銅像がシルエットのように空中に浮かんでいました。それは何か外套を着た人間が空を舞っているように見えたので、私は一瞬、「予はロシアの導き星になりたらん……」と謳ったあのロシアの詩人アレクサンドル・プーシキンを眺めているような錯覚に陥りました。

何かの本で読んだのか、誰かから聞いたのか忘れてしまいましたが、西郷隆盛と大村益次郎の銅像は互いに向き合うように作られたという話に興味があったので、大村益次郎の銅像がどの方向を向いているのか、確かめてみようと思っていたのです。今日はコンパスをもっていたことにふと気が付きました。

つい二、三日前のことですが、不思議な事が起こるものです。西郷の顔が向いている方向を確認するため上野公園に出かけたのです。ところがもっていたコンパスがまったく狂っていたのです。北を指すはずの磁針が南を指すのですから、私の隣で西郷の銅像を眺めていたホームレス風のおじさんに「西郷さんの顔はどちらの方に向いているのですか」と尋ねると「鹿児島か、皇居のほうだよ」と教えてくれました。

ちょうど昼時でしたが、そこへ酒に酔った三人連れが私たち二人を押し退けるようにして、そのうちの一人が急に「西郷さん！　やってまいりました。われわれは今年も元気で頑張りました」と大声で叫ぶと、三人連れはそろって西郷の銅像に向かって深々と礼をしました。

確かに靖国神社の大村益次郎の顔は上野公園の方を向いているようでした。彰義隊を制圧した大村だから上野を向いたのか、維新の大先輩であったから西郷の方を仰いだのか、それが分からなかったのです。大村の銅像は明治二六年日本で初めての西洋式銅像として建てられたと説明にあるし、西郷の銅像が完成したのは明治三一年ですから、大村の銅像の方が早くつくられたのです。であれば彰義隊説がただしいのかもしれません。

銅像の真下から見ると大村の袴の下からのぞいて見える長靴がどことなくおかしく、西郷の草履や高知の桂浜で見た坂本龍馬のブーツや、龍馬が懐に突っ込んだ右手に持っていたのはピストルであったとか、万国公法だったとか、寺田屋で襲われときの負傷を隠すためであったなどの話を思い出しながら、私はどこか武張って立っている大村益次郎の銅像を眺めている自分が、落ち着いてゆったりした気分でいることに気が付き、意外な気持ちになるのでした。

かつて村田蔵六という名の大村益次郎は福沢諭吉らとともに緒方洪庵の塾生でした。諭吉は長州藩から帰ってきた村田蔵六に、長州藩の馬関攻撃の話を出して「この世の中に攘夷なんて気違いじゃないか」と言うと、村田は「あんな奴らに我儘されてたまるか、殊にオランダの連中は何だ。死ぬまでやる」と物凄い剣幕でまくしたてる過激な攘夷論者になったことに驚き、周りで聞いていた塾生一同も村田のあまりの変貌ぶりに慌て「村田は変だ、何をするかわからない」とそっとしておいたと『福翁自伝』に書いていることも思いだしました。四ツ谷見附の交差点を四ツ谷中学校の方に渡り、公園近くの道路沿いにある二葉亭四迷旧居跡を写真にとって丸の内線で池袋に出てわが家に帰りました。

この日は、ほぼ一日中、良好な気分で過ごしましたが、池袋駅の東口に出て芳林堂の前をつい通り過ぎてしまいました。いつもならほとんど間違いなく立ち寄るのですが、今日は入る気がしなかったのです。今年の三一日で閉店するという連絡を受けてからすっかり気が滅入っていたことを今朝は忘れていたのです。しばらく行ったこともない神保町にふらりと出かける気分になったのはそのせいだったのかも知れないのです。

数日後、池袋芳林堂に電話を入れ確認したところ、現在の地に書店を開いたのは一九四七年、昭和二二年のことで、八階建ての細長いビルを建てたのは一九六九年の昭和四四年ごろだという返事でした。約五六年間、一書店がまさに戦後一貫して近辺の一般市民に与えてきた好ましい影響は大きいと言わなければなりません。

三階の文庫・新書売場のびっしり詰まった書棚の回りをとてもかいがいしくまるで草花の蜜を吸う蜜蜂のように元気に動き回っていた三人の女店員たちのことを思うと何故かとても悲しくなるのです。知の宝庫に舞う妖精たちが一瞬どこかに消えてしまったのです。

妖精という言葉をいまつくづくと考えます。一つの書店が閉店すること、書店の文庫・新書売場にいた、一七、八歳の女の子と妖精と知がどのような結びつきがあって私をかくもセンチメンタルにするのでしょうか。知の宝庫から去る女の子、知から飛び立つ妖精たち、知の鍵をあの子たちは持ち去ったとでもいうのでしょうか。

知の黄昏、知の危機、知の誕生……。しかし女の子と知がいかなる関係があるというのでしょうか。するとふとかつて読んだことのある巫女ヂオチマがソクラテスに教えたという次のようなプラトンの言葉を思いだしました。

知は、もっとも美しいものの一つであり、しかもエロースは美しいものに対する恋です。したがって、エロースは必然的に知を愛する者であるが故に、必然的に、知ある者と無知なる者との中間にあるものです。（『饗宴』鈴木照雄訳）

本書を書くため数知れない本を参考にしたので、今回は紙面の関係もあり一々紹介しません。最寄りの図書館でコピーをとったり、借りたりしてとてもお世話になったので、公共施設であたりまえとはいえ、とくにお世話になった次の図書館の皆様に心からお礼を申し上げます。練馬平和台図書館、練馬図書館、豊島中央図書館、小石川図書館、都立中央図書館、国立国会図書館です。そして『馬子の墓』『義経紀行』、今度の『漱石の時代』の分厚い本の出版を引き受けて下さった彩流社社長の竹内淳夫さんに心から感謝とお礼を申しがあげる次第です。

二〇〇三年一二月最後の日曜日に

林　順治

第四章　ヒロシマ――進歩と殺戮の二〇世紀

◆はじめに

ベルリン

子どもが子どもだった頃
いつも不思議だった
なぜ　僕は僕でなく君でない？
なぜ　僕はここにいて、そこにいない？
時の始まり　いつ？
宇宙の果ては　どこ？
この世で生きているのは　ただの夢？
見るもの　聞くもの　嗅ぐものは

この世の前の幻?
悪があるってほんと?
悪い人がいるって　ほんと?
（『ベルリン・天使の詩』）監督ヴィム・ヴェンダーズ、脚本ペーター・ハントケ）

ベルリンの上空。青い空、流れる白い雲、林立するビル。何やら、塔の端から地上を見下ろしている男。白い大きな羽が背中についているから、彼は天使にちがいない。くずれかかった塔はカイザー・ウィルヘルム記念教会だ。

横断歩道の真ん中で一人の少女が立ち止まって塔に立つ天使を見上げている。バスの窓から「あれ見て!」と叫ぶ女の子二人。しかし、天使は子どもにしか見えない。幼児を背負って散歩する男、男の背中でのぞけるようにして上空を見る幼子。「外に出て、陽を浴びる喜び。太陽が美しく透きとおる人の瞳」と男のつぶやき。

飛行雲の周囲を回るかのように青空を舞う一羽のトンビ。自転車をこぐ女、後ろの荷台に乗った女の子が空を見つめている。空にはジェット機。機内の窓際の座席で外を眺めているのは、間違いなく刑事コロンボのピーター・フォーク氏だ。ベルリンに向かうピーター・フォーク氏。天使と刑事コロンボという唐突でアンバランスな組み合わせのなかに不思議なやすらぎを映画の冒頭シーンは伝える。

しかし眼下に広がるベルリン市街はなぜか深く重苦しい。ピーター・フォーク氏はピーナッツをかじりながら台本らしきものをめくる。「お手上だ。撮っているうちになんとかなるか。衣装が決め手だな。ベルリン……エミール・ジャニングス……、ケネディ……、フォン・シュタウフェンベルグ……大したやつだ」とつぶやく。エミール・ジャニングスは映画『嘆きの天使』にも出演したドイツ映画黄金期の大スターだ。一九六一年アメリカ大統領に就任したケネディはウイーンでフルシチョフと会談したのち、西ベルリンを死守する方針を固めた。八月一三日東ドイツは境界線に鉄条網を敷き、その三日後にベルリンの壁を築いた。

ケネディは二年後ふたたびベルリンを訪れ、「私はベルリン市民の一人である」と演説した。ピーター・フォーク氏がつぶやいたフォン・シュタウフェンベルグは一九四四年七月に起きたヒトラー暗殺未遂事件の首謀者の一人だ。神学者ボンヘッファーもこの暗殺未遂事件で逮捕され、強制収容所で処刑された。

塔の上の天使は既に機内の通路に立っているが、天使に気が付いているのはピーター・フォーク氏と同じ通路側の前席に座っている女の子だけだ。天使と少女はしばらく見詰めあっていると、スチュワーデスは天使を背後から押しのけるようにして「シーベルトをお締めください」と言いながら少女のスケッチを覗き、「上手に描けたわね」とお世辞。

「ありゃ、ベルリンじゃなかった！　東京、京都、ロンドン、パリ、トリエステ、ベルリン……」とピーター・フォーク氏は独り言。まだ天使には気が付いていない。真綿をひき延ばしたような雲の間からベルリンの無線塔がそそり立って見える。ジェット機は無線塔の頭上を旋回して見本市場の上からアウトバーンの向こうの古びたアパート群の上に近づく。

「……週末の最新情報をお伝えします。……APおよびUPI通信によりますと……エーリッヒ・ホーネッカーは今日午前……増え続ける出国者に対応できるようにチェックポイントで……」とラジオ音声モンタージュ。ホーネッカーは一九七一年七月ウルプリヒトのあとにSED（ドイツ社会主義統一党）の第一書記に就いた人物だ。ナチ時代の一九三五年に投獄され、ソ連軍に解放されるまで獄中にいたホーネッカーは、ソ連首相のブレジネフと蜜月時代を築いた。しかしゴルバチョフの登場とペレストロイカによってホーネッカー体制は崩壊した。

ヴィム・ベンダーズの映画『ベルリン・天使の詩』が公開されたのはベルリンの壁が崩壊する二年前の一九八七年だ。ドイツ語の原題は『ベルリン天空』だが、フランス語題名は『欲望の翼』である。前年は八六年二月二六日ウクライナのチェルノブイリ原発で大規模な事故が発生した。

一〇月一一日アメリカ大統領レーガンとソ連共産党書記長ゴルバチョフがアイスランドのレイキャビクで会談する。米ソは中距離核戦略（INF）核削減交渉で合意しかけたが、SDI戦略ミサイルで分裂した。八七年一月には北京の天安門広場で学生の民主化要求運動が起こったが、鄧小平に弾圧された。九月七日東ドイツ国家評議会議長ホーネッカーが元首として初めて西ドイツを訪問している。一二月七日ゴルバチョフはアメリカを訪問してレーガンと会談、INF　の全廃条約に調印した。

二人の天使は連れだって国立図書館に移動する。図書館は天使たちのお気に入りの場所だ。図書館は天使カシエルが言うように、収集され、証言され、記録された、ありとあらゆる霊がひしめき合う場だ。今日も男女あわせて十数人の天使たちがすでにやって来ている。それぞれの天使は思い思いに好みの読む人に寄り添い耳を傾ける。

ダミエルとカシエルは医学専攻の女子学生の傍らにいる女の天使に会う。女の天使は二人に目礼する。カシエルは目を閉じ、耳を澄ますと、声にはならない読む人一人一人の心の音が大聖堂のコーラスのように渾然一体となって響いて聞こえてくる。

老人ホメロスの周囲は地球儀や天球儀がいっぱいだ。国立図書館の地理学の部屋にホメロスはいる。地球は傾きながら太陽を回っている。ホメロスは惑星が太陽の回りをそれぞれ異なる速度で公転するように作られている模型を眺めることが好きだ。老人ホメロスから少し離れたところに天使カシエルもいる。

「世界は黄昏れていくようだが、それでも私は原初の時と同じように語り続ける。私を支えてくれる歌にのせて。物語によってこそ、私は世界の混乱を免れ、未来へと運ばれてゆくのだ」

私は老い、
声もしゃがれたが
物語は
深淵より立ち上がる

軽やかに開かれた口が
力強く、難なく
万人にあますところなく理解され
行われ行く物語を

老人ホメロスにつきしたがい、カシエルも図書館の中を移動する。老詩人はいま宇宙と人間の歴史を考えている。ホメロスは大勢の閲覧者に混じってアウグスト・ザンダーの写真集『二十世紀の人々』を一枚、一枚めくっていく。

「以前のように、幾世紀も行つ戻りつしながら息の長い物語を紡ぐことはもうあり得ない。今は、一日一日と考えて行くのが精一杯だ」とホメロス。ハンカチを顔に当てた人たちがアスファルトの上の死体を呆然と眺めている写真。遺体のなかから親族や知人を探している様子だ。

「私の物語の主人公はもはや戦士や王ではなく……」とホメロス。愕然として死体の列を眺めている老女。……赤ん坊の死体。

「乾燥玉葱や……沼地に渡した丸木橋のような。だが、まだ誰一人平和の叙事詩を語るのに成功した者はいない。平和が持続的な昂揚をもたらさず、これほど物語の種になりにくいのは、いったい何に原因するのだろうか。私は諦めるべきなのだろうか？　私が諦めてしまったら……人類は語り部を失ってしまうだろう。語り部を失った人類からは、子どもらしさも消えてしまうだろう」とホメロスは重々しく写真集の上に手を置くが、また頁をめくる。

国会図書館からポツダム広場は近い。ベルリンの壁が広場の東を南北に横切っている。寒々とした風景だが、背後にリニアモーターカーの高架線が走っている。詩人ホメロスには天使カシエルがつきそう。「ポツダム広場が見つからない。いや、ここのようだ……やっぱりそんなはずはない。だってポツダム広場なら、カフェ・ヨスティがなきゃならない……。午後になると、カフェ・ヨスティで常連たちと歓談し、コーヒーを飲むのが習慣だった。道行く人を眺めたり、むかいのローゼ・ヴォルフ商会という最高級の煙草屋で買った葉巻をくゆらした。そうここがポツダム広場であるわけがない。ちがう。誰にも会わないな……」

「賑やかな広場だった。市電や乗り合い馬車が行き交い、車も二台あった。私のとチョコレート屋のハーマンのとだ。あすこにはヴェルトハイム百貨店もあった。広場は旗で埋めつくされ……」とホメロスは雑草のなかに捨てられたソファに体を投げ出すようにして深々と座る。

彼は悲しげに辺り見渡すが、背丈までのびた雑草の向こうにリニアモーターカーの高架とベルリンの壁が見えるだけだ。冬枯れの木立。強い風が吹きつける。地上では詩人ホメロスとカシエルが壁の禁止地帯へ歩を進める。鳥の群れがポツダム広場の壁の上空を飛んで行く。壁に沿って北に歩を進めるとブランデンブルク門だ。

私の郷、物語の故郷が
そこから始まる峠は。
なぜ人はみな子どもの時に

天にも地にも走っている
峠や切り通しや間道をみておかない？
歴史は殺戮も戦争も知らなかったのに。

◆おわりに

さらば神宮プール

メトロ有楽町線の辰巳駅から八〇〇メートルほど東の辰巳国際水泳場に私は週一回通うことにしている。しかし真夏はどこか澄んだ綺麗な海で泳ぎたいと思い、ここ数年、四、五日の旅行をするが、満足できるような海水浴をしたことがない。以前、古代史探索の際に訪れた和歌山県串本の橋杭岩《はしくいいわ》近くの海岸や、出雲の日御碕《ひごみ》の海水浴場は忘れられない。

つい数日前も長崎港から五島列島の福江島に渡り、福江港から一時間バスに乗って島の北西部の三井楽港まで行き、そこからタクシーで五キロほど南東にある高浜海水浴場に行った。三井楽港は遣唐使船最後の寄船港として知られている。さすが遠浅の海浜の景色は絶妙だったが、脱衣所から海辺までの距離が遠すぎて泳ぐ範囲も限られていた。

朝から雲一つない快晴の日だったが、次第に波が荒くなってきた。「今は潮が引いている時で、脱衣所の近くまで潮が満ちてくるのは夕刻になる」という監視員の返事であった。自然は本来人間に都合よくはできていないのだ。それに子どもたちの姿がほとんどみかけなかった。

ここ一〇年間で、神宮プールからは野外プールと飛び込みプール、それにスケートリンク兼用のプールがなくなった。小雨降る早朝の野外プールで一人泳ぐのも最高だったし、カンカン照りのプールサイドで日焼けを楽しむ若者たちを尻目にえんえんと長距離を泳ぐのも醍醐味だった。夏休みに入ると小学生たちが水深五メートルの飛び込みプールで懸命に泳ぎの練習をしているのをみていると、夏場でなければとても味わうことのできない安らぎを感じるのであった。子どもたちはみるみるうちに上達した。

最初にスケートリンク兼用のプールがなくなり、次の年は飛び込みプールがなくなり、その翌年には水深二・二メートルのメインプールの底にコンクリートが打ち込まれ、プールの深さは半分になった。私は一人怒った。その後、二度ほど水深が半分の鉛色の水底が見えるプールで泳いだが、やり切れない屈辱と寂しさで、このプールで泳ぐのを止めた。その夏以来、私は自分の体に異変を感じた。翌年、神宮プールはすべての営業を廃絶した。

神宮プールが営業やめた年か、その翌年、丹下健三が設計した代々木オリンピックプールが営業を中止した。このプールの水は微妙に重く、泳ぎにくかったが、サブプールは私が東京で泳ぎ始めた最初のプールであった。もう二五年前の話だ。

当時、私は体力の衰えと腰痛に悩まされていた。しかし最初から五〇〇メートルは泳いだ。

その時の時間は一五分前後であった。一〇〇メートル三分ということになる。四五歳から五五歳までの一〇年間は一五〇〇メートル三〇分をキープしていたから一〇〇メートル二分で泳いでことになる。年齢にしては遅いほうではない。

つい最近、辰巳プールであまり無理をしない程度の泳ぎで四二分かかった。必死でおよいでも四〇分を切るのがようやくだろう。三五分はとても無理なのは歴然としている。早く泳ぐのがよいのではない。リラックスして楽に大きく泳ぐのがよい。もともと神宮プールの夏期営業は六月の中旬から九月の第三日曜日までであった。

九月下旬、神宮プールに近い都立千駄ヶ谷体育館の室内プールに入った。夏場以外は千駄ヶ谷プールを利用していたからである。縦五〇メートル、横二〇メートル、最深部二・二メートルの大変泳ぎやすいプールである。入って驚いたのは真黄色な七本のロープが縦方向に張られていた。何かの大会が終わったあとの始末をしないでそのまま放置しておいたのだろうと、特別注意を払うこともなく四コースで泳いだ。九〇〇メートルほど泳いでターンをしようとしたとき、肩を叩く者がいるので、見上げるとプールの監視員の一人だった。

「追い越ししてはいけない」と言う。私はプールサイドに上り、人の好さそうな若者を恥ずかしげもなく三〇分ほどやり込めた。若者は「掲示を見たか」と言う。「見ていない」と私。「このプールで君の生まれる前から泳いでいる」と私は場違いな自慢をして若者の失笑をかった。

若者の説明では、コースは最速、中速、低速に分かれていると言う。一コースと八コースが低速で、四コースと五コースは最速で、残りは中速であった。この説明でまたもや怒り心頭に達した。私も少々興奮していた。この夏場神宮で泳がなかったのも大きなコンプレックスになっていた。実際その日は体も重くスピードも落ちているのがはっきりわかった。今後練習を積んでも真ん中でゆとりをもって泳ぎ切る自信がなかった。

私には四コースか五コースで泳ぐ力がないことは明らかであった。ちょうどそのとき、私は八コースを泳いでいる八〇歳前後の老人を指さして「あの老人追い越してはいけないとなると、いずれこの決まりは破綻するか、利用者が少なくなるだろう」と釘をさした。

おそらく老人のスピードでは五〇メートル往復するのに一〇分はかかることは間違いないからであった。老人とはロープなしのとき何度か衝突しかけたときがあったが、自分で避けようとしない彼の性向をよく知っていた。

私個人は二〇数年間、ロープなしのプールに何の違和感もなく馴染んでいたし、伸び伸びと泳ぐことができた。上手な者も下手な者もそれぞれ勝手に泳げばよいのだ。そもそも神宮プールは競技大会以外はロープをはらなかったはずだ。

帰り際、体育館管理事務室に寄って何の目的でロープを張るのか、その理由を質した。A課長は事故の防止を主に主張したが、無限に出現する早く泳ぐ者と遅く泳ぐ者との矛盾と葛藤をコースロープで解決できないだろうと言う私の指摘に答えることはできなかったが、「コースロープの提案があった時、部内には反対意見が半分以上あった」とA課長は言った。「今は実験的な段階です。無理であれば元にもどします」とA課長は良識的に対応した。

その日はそのまま帰った。その後もロープは張ったままであったし、私自身どのコースを利用すべきか判断に苦慮し、落ちついて泳ぐ気にならず、と言って若い監視員と再び同じようなことを繰り返すのも大人気ないので、数回通ったのち千駄ヶ谷プールに行くのは止めてしまった。

辰巳国際水泳場

辰巳国際水泳場の北側プールサイドから東京湾が見える。東京湾といっても運河で結ばれた貯木場だが、材木を浮かんでいるのは見たことがない。私は二坪ぐらいの風呂二面のうちのいずれかにゆっくり浸る。風呂の蛇口から勢いよく噴き出す水圧に身を委ねながら、水辺のせせらぎや水草に群がる小さなフナを想像して悦に入る。

風呂をでてから貯木場の向こうに林立するビル群を見るのが好きだ。辰巳地区は荒川と隅田川河口に挟まれた東京湾に面して運河に囲まれた最南端の一・三平方キロの人口島である。だから私がプールサイドから眺め風景は江東区方面である。

辰巳の東は曙運河を挟んで夢の島、西は辰巳運河を挟んで東雲《しののめ》の島を形成し、その外部の青海《あおみ》が一つの島になっている。東京湾の東西にならんだ四つの人口島は湾岸道路とりんかい線とJRとメトロ有楽町線で結ばれ、そのターミナル駅が辰巳駅の次の新木場である。新木場はメトロ有楽町線の最終駅であり、JR京葉線の通過駅でもある。

東京・蘇我間約四三キロのJR京葉線は千葉方面から荒川河口を渡り、曙水門と辰巳国際水泳場の間を九〇度右折して貯木場の東側の陸橋を北上して墨田川方面に至る。夜、東京方面から煌々と見えるのは辰巳国際水泳場だ。新木場からはメトロ有楽町線とりんかい線が同方向に走るが、メトロ有楽町線は次駅の辰巳から地下鉄となり北上する。

りんかい線の次駅は東雲だ。りんかい線は国際展示場、国際テレポート、大井町を経て大崎で埼京線に連絡する。国際展示場からはゆりかもめがレインボーブリッジで結ぶ有明・新橋間を走行する。国際展示場駅の南側の有明客船ターミナルからは浅草方面に観光船が発着する。客船ターミナルの先の埠頭は有明西埠頭公園という。

平成五年の五月二四日、『朝日新聞』の次のような記事をみた。「マゼラン世界一周の最後に残った帆船ビクトリア号が五〇年ぶりに復元された。その船が二〇〇四年一〇月にセビリアを出航し、いま有明五丁目の埠頭に停泊中」という記事であった。一週間ほど一般公開すると言うので見に行った。有明五丁目とは、有明埠頭公園のことであった。

ニック・アダムスの心境

辰巳国際水泳場を出て桜並木の道を左折して道なりに一人歩く。京葉線の電車が頭上の高架線をプールサイドからも見える貯木場の方向に走って行く。メトロ有楽町線辰巳駅と反対方向の新木場駅に私は向かう。静かな公園はまもなく湾岸道路に出る。一般道路に沿って高架湾岸線が並行している。新木場方向の道路はコンテナ、トレーラー、ダンプカー、集塵車、タンクローリー、キャリアカーなど大型車を含むあらゆる種類の車が渋滞している。

落ち着きはらったプロの運転席や助手席の男たちの顔が間近に見える。十分泳ぎきった後の私は、何故か彼らの表情に親しみを感じる。前方の明治道路と湾岸道路の交差点が渋滞の原因だが、辰巳から夢の島に通じるにはこの曙橋とわずか下流の新曙橋の二つしかない。それに三ッ目の通りの一般道路から左折した車と交差点の先の湾岸線の新木場出口が渋滞を倍加している。

私は曙橋の欄干にもたれかかり、水門から橋桁のあたりを泳ぐ魚影の群れを眺める。水中の魚影は私の本能をかき立てる。水門の向こうは夢の島の西側護岸が運河の彼方にのびている。六五歳を目前にした男が自宅から電車で一時間もはなれた東京湾岸の奇妙な場所に佇んでいる自身が不思議に思える。

しかしこの安らぎはどこから生じてくるのだろう。ヘミングウェイが描いた「ロストゼネレイション」のニック・アダムズが橋の上から鱒《ます》を眺める感覚と似ているのかもしれない。ニック・アダムズは第一次世界大戦から帰還した釣りを楽しむ孤独な二四歳の青年であった。時代も年齢も状況も違う。しかし二四歳の虚無にも似た青年の安らぎに共通するものがあると私は思う。

千駄ヶ谷プールがコースロープを張るようになった二〇〇三年の九月末ごろから、私は千駄ヶ谷プールに通うのは止めた。一〇月の中頃、腰椎のあたりに違和感をおぼえ、膝から足首が痛くなった。一一月一日から三日間、狩野亨吉と安藤昌益の遺跡を訪ね好摩《こうま》から銀河鉄道に乗り、その夜大館に泊まった。夕食後、市内の散歩に出たが、二、三キロの散歩がやっとであった。一一月二〇日、七〇〇頁の『漱石の時代』を脱稿し、一五日出版社に原稿を入れ、初校ゲラが年末に出た。

翌年早々首が左方向に曲がらなくなり、トイレでしゃがむのが苦痛になった。かつて私は肩が張り、首すじが痛くなるようなことはまずなかったし、水泳を続けている限りそのような状態になるとは考えもしなかった。なぜなら五〇メートル左右合わせて三六ストロークで、一五〇〇メートルだと一〇〇〇回腕を振ることになる。一呼吸ごとに右か左のいずれかに首を回すのだから、五〇メートルで一八回、一五〇〇メートルで五四〇回首を回し、五四〇回口を開けることになる。

しかしこの年は『漱石の時代』の入力に熱中したので、夏場の神宮プールで泳がなかったのと、先に述べたような理由で千駄ヶ谷プールに通うのを止めたので泳ぐ回数が圧倒的に減っていた。運動不足とワープロ打ちの後遺症であることははっきりしていた。

夜の寝返りが苦痛になり、左肩を下にして寝ることはほとんど不可能になったので、大向けになるか、右肩を下にして寝るかのいずれかにした。しかし水泳を本格的に始めたら治るだろうと考えていた。結果は、二〇〇四年の八月ごろに治癒したが、自己流のストレッチがかえって悪かったのも確かだ。

九時開場の辰巳国際水泳場に着くには、最寄りのメトロ有楽町線の小竹向原から新木場行八時の電車に乗らなければならない。ちょうどラッシュ時間になる。一車両に一六〇人、一〇車両一六〇〇人の乗客がほぼ一時間黙りこくった「沈黙の電車」だ。

辰巳駅と公園にかかった橋の上空を三ツ目通りの深川線が二層の弧を描いて東西に分かれて

湾岸線に流入するパノラマはヴィム・ベンダーズの映画の世界だ。湾岸線に沿って並ぶ倉庫群を眺めながら歩道橋をわたり、芝生の公園を斜めに横断して五〇〇メートルほど桜並木の道を東に直進する。その桜並木の終点五〇メートル手前の左に辰巳国際水泳場がある。

この時間帯は駅前の広場を除いて出会う人は一人か二人だ。水泳場の一般公開はおおよそ月の半分だ。半分は中・高・大学の競技大会や実業団、オリンピック予選会やその他の強化練習に利用される。プールはメインプールとサブプールとダイビングプールだ。メインプールとサブプールの半面にはロープを張っている。

マグロ漁船第五福竜丸

私が「第五福竜丸展示館」の看板に気がついたのは、湾岸道路の側道から明治通りを渡った交差点の一角であった。風雨と排気ガスで薄汚れた看板に特別興味も引かれず、またなぜあの「第五福竜丸」がこのような場所に展示されているのか皆目見当がつかず、しかもこの一角が夢の島であるという地理的認識はほとんどなかったので、その日は目の前の新木場駅から有楽町線でわが家に帰った。

その時は明治通りの交差点を渡る前から鉛筆のような形をした白色の高い建造物の一番上と中段あたりが規則的にピカピカ光るのが印象的であった。のちその建造物が新江東清掃工場であることを知った。

交差点の「第五福竜丸展示館」の一枚の看板が『ヒロシマ』の入力にとりかかる動機の一つ

になったのは間違いない。「第五福竜丸展示館」の所在地は東京都江東区夢の島三―二だ。第五福竜丸とは何か。どうしてかつてゴミ捨て場であったこの人工の島に第五福竜丸がたどり着き、何故、軍艦でも空母でもない何十万とある漁船の一つにすぎない第五福竜丸に私が関心をもつようになったのかを語ることにする。

第五福竜丸が紀伊半島南端、和歌山県東牟婁郡古座町で進水したときは、いみじくもその名を「第七事代丸」と言った。終戦間もない一九四七年、昭和二二年三月のことである。事代丸は最初カツオ漁船であった。この「事代《ことしろ》は『日本書紀』「神代上」の国譲りの場面に登場する託宣の神「事代主神」の名前だ。

ちなみに事代主神は事柄や事件を宣言する神であり、父の大己貴神《おおあなむち》が子の事代主に国譲りの返事をさせている。大己貴神は素戔嗚尊《すさのお》が十握剣《とつかのつるぎ》でオロチの腹から草薙剣を取り出し、出雲の清地《すが》で「吾が心清清《すがすが》し」と言って、その土地の姫と結婚して生んだ子孫である。

ところで事代丸こと第五福竜丸だが、一九五一年、清水市の金指造船所でマグロ漁船に改造され、一九五三年、昭和二八年五月に静岡県焼津の西川各市氏の所有となり、第五福竜丸と命名されたのである。

一九四五年八月、日本を占領した連合軍最高司令部は、日本の漁場を沿岸海域に限定していた。いわゆるマッカサーラインである。これは三次にわたり拡張されたが、日本の食糧難、栄養不足解消のための確保には不十分であった。ところが一九五二年、昭和二七年四月二八日に発効されたサンフランシスコ講和条約（対日講和条約）によって、マッカサーラインは撤廃され、日本の漁業も遠く太平洋、インド洋に進出することになったのである。

第五福竜丸がマグロ漁船に改造され、事代丸から第五福竜丸に名前を変えたのはこの時期である。対日講和条約の当事国は四五ヵ国であった。中国はアメリカが国民政府を、イギリスが中華人民共和国を承認していたため講和会議に招請されず、日本はアメリカとの密約によって国民政府（台湾）と日華平和条約を結んだ。

日本は中華人民共和国を中国の唯一の合法政府として認めたのは一九七二年、昭和四七年九月二九日の日中共同声明においてであった。ソ連は一九五二年のサンフランシスコ講和会議には参加したが、チェコスロヴァキア、ポーランドとともに署名しなかった。日ソの平和関係が回復したのは四年後の一九五六年一〇月一九日の日ソ共同声明であった。このような米ソの対日講和条約締結のズレは、一九五〇年六月に始まった朝鮮戦争が大きく影響している。日本はすでに米ソの核開発競争の狭間にあった。

ビキニ環礁に近づく

第五福竜丸の初航海は一九五三年六月一〇日から七月二四日までの約一ヵ月半の航海であった。この時はニューギニア北東からビスマルク諸島の海域でメバチマグロ約四五トンを漁獲した。そして八月二日から九月二一日までインドネシア・チモール海北東域の操業で四五トン、パラオ北東海域・カロリン諸島付近の九月二九日から一一月二一日の第三次操業でキハダマグロ一一五〇尾を漁獲した。

一一月二一日から翌年の一九五四年一月一五日の第四次航海でインドネシアのバンダ海でメバチマグロを中心に五二・五トン漁獲したが、寄港途中の一二月二八日インドネシアのハルマヘラ島付近で領海侵犯の疑いでつかまったがすぐ釈放された。ここまではどの漁船にもあるごくありふれた船歴であった。

第五福竜丸にとって青天の霹靂《へきれき》となったのは、一九五四年、昭和二九年一月二二日焼津港を出航した第五次航海であった。第五福竜丸に乗り込んだのは船長筒井久吉（二二）、漁労長見崎吉男（二七）、機関長山本忠司（二七）、無線長久保山愛吉（三九）、甲板長川島正義（二五）を含む合計二三人の乗組員であった。

二三人の平均年齢は二五歳である。当時一番若かったのは、一八歳の操機手増田祐一と甲板員の細根久雄である。漁船では漁の一切を取り仕切るのは漁労長である。言ってみれば指揮官である。第五福竜丸は漁労長の指示にしたがってミッドウェイ海域に向かった。

焼津を出航してから一六日後の二月七日第五福竜丸は初の操業を開始した。しかしメバチを狙った延縄《はえなわ》操業ではほとんど魚がとれなかった。延縄は一本の幹縄に適当な間隔をおいて釣り糸を取り付けた日本古来の伝統漁具である。しかし二月九日の操業で半分以上の延縄を失ってしまった。

二月一一日から二〇日にかけて第五福竜丸は魔がさしたようにミッドウェイ海域から日付変更線を横切り一路南南東のマーシャル諸島に近付いていった。この辺りは冠たるマグロの生息地であった。しかし漁がかんばしくなかったので、第五福竜丸は二月二七日、明日の延縄を終えたら日本に戻ることに決めていた。

当時、アメリカがマーシャル諸島のビキニ環礁を中心に核実験実施に伴う危険区域を指定したのは一九五二年（昭和二七）一〇月七日であった。一年後の一九五三年一〇月一〇日、米海軍は危険区域をビキニ環礁をふくむ東西六三〇キロ、南北二八〇キロの海域に拡大した。

日本に帰ることを決めた二月二七日、久保山無線長は見崎漁労長や筒井船長に「終戦後も原爆実験をやっているからあまり近づかないほうがよいだろう」と話していた。第五福竜丸が被災したときに操業していた位置はビキニ環礁から東一六〇キロ、五三年一〇月一〇日に指定された「危険区域」の外側からさらに東へ三〇キロの東経一六六度三五分、北緯一一度五三分の地点であった。

事実、一九五四年、昭和二九年三月一日午前六時四五分（現地時間午前三時四五分）、アメリカはマーシャル諸島のビキニ環礁で水爆ブラボーの実験を行った。「ブラボー」はイタリア語だが、「すばらしい」「うまい」を意味する賞賛の叫びだ。

理論物理学者川崎昭一郎の証言

三月一日の未明、乗組員の多くは一四回目の投縄を終えて船室に入って仮眠をとろうと横になっていた。漁労長の見崎吉男は六分儀《ろくぶんぎ》を使い、サソリ座の一等星アンタレスを目印に船の位置の測定を終えた。その時、見崎漁労長が見た光景は今まで見たこともない恐ろしいものだった。

「西から光が這い上がってきた。突きさすようでなく、包み込むように、あたり一面右を見ても、左を見ても第五福竜丸をめがけて、かぶさって来るように非常に危険なものを感じさせた。やがて光が降りていき、水平線からにぎりこぶし一つくらいのところでレンガ色のうすーい色の玉になって、マールくなって沈んだ。方角を計るとビキニ島。九分弱くらいの時間をおいてダ、ダ、ダーンと、マーシャル諸島の島々が怒涛となって海の中へ沈んでいくような、ものすごい音だった」（見崎吉男インタビュー『ＡＥＲＡ』二〇〇四年三月八日）。

第五福竜丸が遭遇したアメリカのビキニ核実験は、重水素化トリチウムのまわりを天然ウランで取り囲んだ重水素化トリチウム水爆の実験であった。爆発力は広島・長崎級の原爆（爆発力ＴＮＴ火薬二〇キロトン）の一〇〇〇倍以上である。

この水爆はプルトニュウム核分裂、重水素トリチウム核融合、ウラン238分裂というふうに第一、第二、第三段階に分けて核分裂のエネルギーを取り出すことから「三Ｆ爆弾」と呼ばれる。プルトニュウムの核分裂が起こると、その高熱で重水素トリチウム核融合反応が起こり、その時放出される中性子が天然ウランの核分裂を引き起こす。

後に発表された爆心から八〇キロ離れた米軍機撮影の写真を見ると、全体が赤橙色に染まった雲の向こうの水平線に巨大なキノコ雲が突き出し、その上に大きな雲が重なって三層になっている。理論物理学者で第五福竜丸の保存運動に参加している川崎昭一郎は乗組員の話をまとめて、二時間たった第五福竜丸の近辺の様子を次のように描写している。

二時間くらいたったとき、晴れていた空はそのキノコ雲に覆いつくされ、低気圧でも通過するかのように天候が急変した。鏡のようだった海が荒れ始め、波が船縁を叩くようになり、風がよこなぐりとなった。気がつくと、白い粉が雨に交じっている。ビュー、ビューと顔に突き刺さってくる白い灰、サンゴの破片だった。吹きつける白い灰を払いのけながら揚げ縄作業が続けられた。風上に向かっての作業だけに、灰が目の中に、また、首元から下着へたくさん入り、チクチクと刺すように痛く、真っ赤になった目をこすりながら作業をした。(『第五福竜丸』岩波ブックレット)。

ビキニ原爆実験

第五福竜丸は被災から二週間後の三月一四日午前五時五〇分に焼津港に到着した。魚市場のせりは午前五時に始まるので、その日は既に終わっていたので、水揚げは翌朝になった。全員焼津協立病院で診察を受けた。乗組員を診察した大井俊亮医師は、広島・長崎の被爆者と同じ原爆症を疑った。外傷のひどかった山本忠司機関長、増田三次郎甲板員(二七)の二人は、急遽、東京大学付属病院に入院した。

三月一六日、火曜日、『読売新聞』が朝刊で「邦人漁夫、ビキニ原爆実験に遭遇。二三名が原子病。一名は東大で重症と判断。焼けただれた顔。グローブのような手」と発表した。この「アメリカのビキニ原爆実験」のニュースは米ソを中心とする原水爆競争と拡大する地球汚染の幕開けとして世界に衝撃を与えた。

何故ならビキニ水爆実験前年の一九五三八月一日にソ連が行った新型水爆実験はアメリカの予想をはるかに超えていた。ソ連は最初の核実験（一九四九年）から四年目にしてアメリカより一歩進んだ飛行機にも搭載可能な軽量の水爆を成功させたからである。まさに理論物理学者ニールス・ボーアが恐れていた世界が現出した。

広島と長崎に原爆投下した一年後の一九四六年、昭和二一年アメリカは七月一日と七月二五日の二回に分けてビキニ環礁で核実験を行った。その時かつて山本五十六の旗艦であった戦艦長門はビキニ環礁に曳航《えいこう》された。この哀れな話を作家で戦時補充兵として戦艦長門に乗り込んだことのある今官一が『戦艦「長門」抄』で語っている。

戦後間もない昭和二一年五日午後三時ごろであった。今官一は娘と妻とともに一緒に入った場末の映画館で「ユナイテッド・ニュース」を見た。「原子爆弾ですよ」という娘のつぶやきにうながされ、スクリーンに目を凝らすと、大空と大洋のはるか遠い水平線にマッチ箱ほどの大きさで浮かんで見える三隻の軍艦の右端の幕ぎわすれすれに戦艦長門を見た。「あッ、長門」と叫ぶ間もなく、吹き上がる水煙のかげで長門はユラユラと揺れながら失せてしまった。

今官一の見た長門は七月一日の一回目の実験の映像か、七月二五日に行われた二回目の実験のものかわからない。アメリカは、この七月の実験を「十字路作戦」と名付けた。第一回の実験はクゼリン島から飛び立ったB29による空中爆発実験であった。投下予定拠点をゼロ・ポイントに戦艦ネバタ、その東寄りに長門、西寄りに巡洋艦酒匂《さかわ》、その他二〇〇頭の山羊、二〇〇頭の豚、五〇〇〇匹の鼠が実験用に用意された。

投下と同時にB29が左旋回すると三四秒後に実験用無人艦隊の頭上数百メートルで爆発した。この実験観察にはソ連の報道関係者も招かれたが、国連加盟前の日本は誰も招待されなかった。しかし七月二日の『朝日新聞』は、アパラチアン艦上で観察した「それは一つの星の生死をみるような恐ろしい光景だった」というウィリアム・ローレンスの記事を掲載している。

ラッセル＝アインシュタイン宣言

第一回目のいわゆるA作戦で沈んだ戦艦は五隻だけであった。巡洋艦酒匂もその中の一隻であった。二回目のテストBは水中爆発実験であった。RSM60中型揚陸艦にB実験のための原爆が吊るされた。長門は今度も戦艦アーカンサス、空母サラトガとともに爆心にもっとも近い位置に並ばされた。

現地時間、七月二五日午前八時三四分、TNT爆薬二万トン分のエネルギーが一度に放出され、一〇〇万トンの海水が巨大な水柱となって吹き上げられ、黒い雲となって空一面を覆った。二万六〇〇〇トンの戦艦アーカンサスも空母サラトガもたちまちのうちに沈没した。長門は五日後の三〇日の朝、その姿を消した。

アメリカは一九五二年、昭和二七年一一月一日エニウェトク環礁で水爆実験を開始して、その後一九五八年まで六七回の原水爆実験を行った。一九五四年だけでも三月一日から五月一四日まで六回の核実験が行われている。

ビキニ環礁が核実験場に選ばれたとき、島にやってきたアメリカ軍は島民にたいして「人類の幸福と戦争を終わらせるため」と説明した。一九四六年三月ビキニ環礁の島民一六七人は二三〇キロ東のロンゲリック環礁に移住させられた。ロンゲリック島は無人島であった。食べる物はなく、島は放射線で汚染されていた。ロンゲリック環礁に移住したビキニ島民の生活は長く続かず、二年後の一九四八年には故郷から南七〇〇〇キロ離れたキリ島に移住させられた。そして今もビキニの島民はキリ島で移住生活を続けている。

第五福竜丸がアメリカよるビキニ水爆ブラボー実験に被災してからの日米間の政治・外交交渉や世界各地で起こった平和運動については省略する。半年後の一九五四年九月二三日、被災した無線長久保山愛吉さんが死去した。

一九五五年一月四日ビキニ被災補償金として二〇〇万ドルをアメリカが支払う日米交換文書が署名され、その年の七月九日「ラッセル＝アインシュタイン宣言」が発表された。そして広島に原爆が投下されてから一〇年目の八月六日、第一回原水爆禁止世界大会が広島で開催された。

一九五五年（昭和三〇）四月二八日閣議決定の「ビキニ被災事件にともなう慰謝料金配分」では廃棄漁船九九二隻と発表されている。その被災漁港は青森の八戸から始まり、鹿児島の川辺まで五三ヵ所におよぶ。日本政府は慰謝料七億二〇〇〇万円を最終的解決としてアメリカと妥結した。しかしその後も物をいわぬ海と魚と環礁は放射線によって汚染され続けた。

夢の島

夢の島は湾岸線とＪＲ京葉線の北側にある変則的な台形の形をした人口の島である。東は荒川河口、西は曙運河に遮られ、島の底辺部になる曙橋から荒川河口の右岸までは一・二キロの距離だ。島の東部から南部に向かって新江東清掃工場、東京スポーツ文化館、多目的コロシアム、陸上競技場とならぶ。

これらの施設の北側を東西に横断する道路を挟んで東から夢の島熱帯植物園、ユーカリ栽培地と花壇、第五福竜丸展示館がならんでいる。第五福竜丸の北側が夢の島マリーナ、つまりヨット・ハーバーだ。清掃工場に端を発する公園を東西に横断する幅五メートルの道路は明治通りのかもめ陸橋で各二面の野球場をもつ六つに区切られた軟式少年野球場、球技兼用の競技場に連絡できるようになっている。

かもめ橋の二〇メートル北側に新木場駅方面のバス停と東西線と東陽町行きのバス停が明治通りの左右にある。軟式野球場と競技場の西側約六〇〇メートルの護岸は曙運河を挟んで辰巳国際水泳場と貯木場に面している。

夢の島の北西部の二〇〇メートル四方の箱型に突出したエリアと砂町運河を挟んで対岸の江東区新砂二丁目を夢の島が結ぶ。マリーナから新砂水門《しんすな》を経て荒川河口に出る。荒川河口を渡る京葉線の左右の車窓から見える海と川と車とビル群が織りなす大パノラマに思わず驚嘆する。第五福竜丸展示館はそのマリーナに面して建っている。第五福竜丸の前の道を通ると海浜プロムナードとマリーナ埠頭に出る。

かつて夢の島は東京湾のゴミ捨て場の一つであった。江戸時代は各戸から排出されたゴミは空き地に捨てられていたが、その後、明治、大正、昭和にかけて東京湾に埋め立てられるようになった。戦後は八号地（潮見）、一三号地（青海）、一四号地（夢の島）、一五号地（若洲）と拡大の一途をたどった。

一四号地（夢の島）の埋立が開始されたのは、一九五七年（昭和三二）一二月からである。しかし夢の島は戦後の昭和二四年ごろは海水浴場であった。波打ち際で水着を着た女子中学生たちが水飛沫をあげて飛び跳ねている当時の写真は、懐かしさを超えたある悲しみに通じる衝撃を与える。

夢の島のゴミ埋立の面積は約四五〇・八一平方キロで、埋立が完成したのは一〇年後の一九六七年（昭和四二）一一月である。いつ誰が言い出したのかわからないが、一四号地は「夢の島」と呼ばれるようになった。埋立てゴミの総量は約一八四四万トンであった。一五号地は一九六五年開始、一九七三年に完成した。さらに中央防波堤内側の埋立開始は一九七三年、終了したのは一九八七年である。一九七七年の昭和五二年に開始された中央防波堤外側の埋立完成は、一九九七年（平成九）である。ゴミ埋立面積は一九九〇平方キロで夢の島の約四・五倍、ゴミ総量は四二五四万トンで夢の島の約二・三倍である。

芥川賞作家日野啓三

作家日野啓三に『夢の島』という中編小説がある。一九二九年（昭和四）生まれの日野は、五歳の時父の関係で釜山、京城で過ごし、一九四五年一一月、終戦とともに広島県福山市に引き揚げた。そして旧制第一高等学校文科甲類に入学するため上京した。東京は焼け野原だった。

日野啓三の経歴から、日野の作品に戦争、原爆、廃墟、流浪、喪失、離散、孤独をイメージするのはやむを得ない。

日野は三七歳の時、ルポルタージュ的長編評論『ベトナム報道』を刊行し、昭和五〇年短編「あの夕日」(『新潮』四九年九月号)で第七回芥川賞を受賞した。『夢の島』は日野が昭和六〇年の『群像』に一挙連載した作品である。日野が五三歳の時である。この作品で日野は芸術選奨文部大臣賞を受けた。

『夢の島』の男は銀座のある大手建設会社に勤める五〇過ぎのサラリーマンだが、ごく最近妻を失って孤独だ。男は東京の地図を眺めながら湾内の埋立地がいつの間にか想像以上に大きくなっていることに気づく。男は日曜日ごとに埋立地にでかけるようになる。気分がハイになるのだ。

ある日、都庁の港湾局に務める学校時代の友人から偶然電話がかかってきた。男は「今東京湾のどこにゴミをすてているか」と友人に尋ねる。「どうしてそんなことに興味があるんだ?」と港湾局の友人。「一三号地の埋立地の先の方、正式には中央防波堤内側埋立地だ」と友人。「一三号地と言うと……」と男。「船の科学館のあるところだ」と友人。男は友人の「ゴミを捨てている現場を見たい」と友人に頼む。

次の日の日曜日、男は一三号地の道路を南に突っ切り、中央防波堤内側埋立地に通じる海底トンネルの入口でタクシーを降りた。約束の時間に黄色いヘルメットの清掃員の係員がジープに乗って現れた。「東京のゴミのうち普通の生ゴミはいま各区の焼却工場で灰になってからここに運ばれる」と黄色のヘルメットの清掃局の係員。「ゴミと土をサンドイッチのように挟んで幾層にも重ねるのです。いまはあの高さですが、どんどん沈みます」と黄色いヘルメットの清掃局の係員。

潮のにおいと溶け合った腐臭が辺り一面に澱んでいる。丘の中ではメタンガスがブクブクと泡立っている。足下の地面はいまもじりじりと沈下している。東京が自ら東京湾の空白を埋めつつあるそのうごめき、呼吸、体温を感じる……。ジープがいま埋立を始めたばかりの中央防波堤の外側に出た。

月島の全体より大きいくらいの広い海面が高いコンクリート塀で囲い込まれ仕切られて、その端の方からゴミの投棄が始まっていた。ゴミはほとんど白いビニール袋に入れてあって、それが一面に浮かんでいる。ビニール袋がこんなに鮮やかにひざしにきらめくとは、男は想像したこともなかった。

まるで銀箔かアルミの粉末でまぶしたかのように、汚れているはずのビニール袋が直射日光を乱射して輝きわたっていた。その間にかなりのブルーの、わずかに黒のビニール袋もまじって、一面に華やかにきらめきわたっている。「これだけのゴミが全部腐ってとけるんですか」と男。「全部腐ります。いずれは」と黄色いヘルメットの係員。「でもビニールは腐らないのではありませんか」と男。「ビニールも分解します」と係員。「そうじゃないかと思ったけど」と男。「他のものが腐って熱をだしますから」と黄色いヘルメットの清掃局の係員。

ゴミの中の第五福竜丸

第五福竜丸は、事件直後、学術研究のため政府が文部省予算で買い上げた。三ヵ月ほど焼津港に繋留された後、東京品川にあるアメリカ軍施設としての使用が解除された東京水産大学の構内に移されて残留放射能の検査をうけた。そして一九五六年五月伊勢市の強力造船所で改造され、東京水産大学の練習船「はやぶさ丸」と改名された。

はやぶさ丸は練習船として一〇年間使用された後、一九六七年三月に廃船処分となり、江東区の解体業者に払い下げられた。業者はすぐエンジンなどとりはずして売りさばき、船体だけを夢の島の廃船処理場に放置した。一四号地（夢の島）埋立が終了する八ヵ月前のことであった。一九六八年（昭和四三）三月一日、静岡で開かれた「三・一ビキニデー全国集会」で第五福竜丸の保存の声が起こった。

翌日、「夢の島のゴミの中に第五福竜丸」と新聞報道された。さらに三月一〇日の朝日新聞の声欄に、二六歳の会社員武藤宏一さんの「東京湾にあるゴミ捨場。人呼んで〝夢の島〟に、このあかしはある。それは白一色に塗りつぶされ，船名も変えられ、廃船の運命に耐えている。しかもそれは、夢の島に隣接した一五号埋立地にやがて埋められようとしている。だれもが、このあかしを忘れかけている間に」という投書が掲載された。翌々日美濃部亮吉東京都知事は都議会で保存の協力を表明した。いっぽう第五福竜丸の二五〇馬力ディーゼルエンジンを搭載した千代川丸は約一年間の航海の後、一九六八年七月二日三重県熊野灘で沈没した。

美濃部亮吉東京都知事が保存協力を表明して以来、第五福竜丸保存運動に弾みがつき、一九七〇年一月に船名が「はやぶさ丸」から「第五福竜丸」に戻された。七一年一月、集中豪雨で第五福竜丸の船体が沈没したが、排水や浮上工事で船は元通りにされた。七二年一月二五日、夢の島公園予定地に船体が陸上固定され、七三年財団法人第五福竜丸保存平和協会が設立された。七五年二月船体が東京都に贈呈されると、都立第五福竜丸展示館の建設が決定した。

都立第五福竜丸展示館が開館したのは一九七五年（昭和五〇）六月一日であった。第五福竜丸は高さ二五メートルの黒い三角形の建物に収められた。一九九六年（平成八）一二月二日、第五福竜丸のエンジンが三重県熊野灘浜沖で引き揚げられ、一九九九年一二月二四日エンジン展示施設はマリーナに臨んで完成した。

そして二〇〇〇年四月一四日、エンジン展示室ならびに「マグロ塚」が建立された。マグロ塚からマリーナがよく見える。このあたりは埠頭より二、三メートル高台になっているからである。このマグロ塚は第五福竜丸の冷凍士であった大石又七さんがマグロ塚を建立するための募金運動がきっかけなってできたものだ。

第五福竜丸から焼津に水揚げされたマグロやサメは東京築地の中央卸売市場に送られたが、せり場で差し押さえられて科学研究所の検査に回された。案の定、魚から強い放射能が検出されたので、その日（一九五四年、昭和二九年三月一六日）の夜七時ごろから東京中央卸市場の野球場のネット裏に放射能に汚染された魚が徹夜作業で埋められた。しかし東京中央卸市場以外の静岡・愛知・三重・京都・大阪など一三府県に出荷されたマグロはその流通過程が不明となり、「原爆マグロ」として消費者に恐れられた。

厚生省公衆衛生局は基準を超える放射能をもつ魚をすべて破棄することを決め、魚体上面から一〇センチメートル離してガイガー計数管で測り、一分間あたり一〇〇カウントを超える魚を廃棄処分とした。水産庁は海域を指定し、その海域で操業した漁船はすべて公衆衛生局が指定した五つの港、塩釜、三崎、清水、焼津などのいずれかに入港することを義務づけ、放射能検査を実施した。一九五四年三月一八日のことである。

放射能検査は大阪、勝浦、室戸、長崎など一三港にも拡大された。そして一九五四年一二月末まで、放射能汚染魚を水揚げした船は八五七隻、廃棄された魚は四八五・七トンに達した。

アインシュタインの目

二〇〇四年一〇月上旬の最初の火曜日のことである。私はそのころ第五福竜丸展示館のマグロのパネルを無性に見たくなっていた。湾岸道路と明治通りの交差点で「第五福竜丸展示館」の案内板を見て以来、私はすでに二度ほど第五福竜丸展示館を訪れていた。この日は辰巳国際水泳場で一五〇〇メートル泳いだ後、いつもより早めに水泳場を出て第五福竜丸展示館に急いだ。

展示館には私を除いて館内にはまだ誰もいなかった。私は第五福竜丸の船尾から船首を回り、書籍売場の数メートル先の二階に通じる階段を上った。そこには展示パネルの最後のコーナーで、船と反対側の壁に五匹のマグロが大きく描かれていた。そしてその下にも五匹のマグロと説明つきのパネルを展示してあった。

展示館のマグロのパネルは初めて訪れた時から、私に強い印象を与えていた。私は本屋や図書館でマグロの本を探した。イルカやクジラに関する本は何種類かあったが、マグロの本はあまりなかった。国会図書館で専門的に調べるほどでもなく、私には第五福竜丸展示館のマグロの説明で十分であるように思えた。

五匹のマグロは、クロマグロとメバチとキハダとビンナガとカジキであった。私は展示館を訪れるたびごとにマグロの胴体の割には小さ目のパッチリした丸い目を見て、何度か謝罪したいような気持に襲われるのだった。胸がつまり、ひざまずきたくなるような感覚である。この日は、私は頭のなかでかなり固まりつつあった四つか五つの思いが渾然一体となってぐるぐる回っていることに気が付いた

一つはニーチェが路上で昏倒してから狂気の闇に閉ざされたこと、二つは辰巳国際水泳場の浴室の蛇口から出る水圧に身を委ねると決まって彷彿とする幼い時に見ていた水草がそよぐせせらぎを遡る小さなフナの光景、三つはトドのように潤んだアインシュタインの目、そして四つは写真家福島菊次郎の祖母が幼い菊次郎に語った言葉であった。そして五つは釣り上げたメカジキと格闘する老人と海、橋の上から清流を遡る鱒を眺める青年ニック・アダムズのことであった。この五つは海と魚と人間に関係していた。この日、この時私は「人間はあまりにも人間の事だけを考えている」とつぶやいていた。

一八八九年一月三日、ニーチェは北イタリアのトリノの下宿から道路に出た時御者が動きの鈍い馬をむちで殴りつけているのを見て突然の興奮に襲われた。ニーチェは馬をかばうため馬

の首を抱きしめて激しく泣いた。数日後、友人たちはニーチェから「私が人間というのは偏見です。私はすでに幾世もの人間たちの中で暮らしてきました」という手紙をもらった。そこまではよかった。

しかし友人たちはその後に続く「私はインドで仏陀でしたし、ギリシャではディオニソスでした。アレキサンダーとシーザーは私の化身です。……私は十字架にかかったことがあります」という手紙を読んで、ニーチェは明らかに発狂していることに気づいた。ニーチェは母のいるイエナに引き取られ、狂気の闇の一一年間を得て一九〇〇年八月二五日、ワイマールで死去した。享年五五歳であった。ニーチェは海がとても好きだった。

海はなにごとも語ることはできない。大空は赤や黄や緑の色を駆使して、その永遠の暮れゆく無言劇を演じる。……それらはなにごとも語ることはできない。われわれに突然襲いかかるこの巨大沈黙は、まさしく美であり、戦慄だ。……おお、大海よ！　夕方よ！　君達はよくない師匠だ！　君たちは人間に人間たることをやめよと教える！　人間は君たちに身を捧げるべきであろうか？　人間は君たちが、今あるごとく、蒼ざめて、輝いて、沈黙し、巨大に自己自身を超えた平安の境地に住するようになるべきであろうか？　自己自身を越えた崇高さに？　（『曙光』四三、三島憲一訳）

そして私の頭の中に浮かんでいた五つの中の次の二つ、ニーチェが馬の首を抱きしめて泣いたことと、写真家福島菊次郎の祖母が幼い孫の菊次郎に語った「陸におる生きもんと同じ生きもんが海にもおるのじゃ、牛も馬も、猫も豚も、カラスもトンビもおるのじゃ」という言葉が結びついたとき、私はパネルの次のような説明を読みながら感動のあまり茫然と立ちすくんだ。

マグロはすごい魚です。その多くは熱帯の海で生まれ、大きな海洋を周遊し、最高時速一六〇キロで泳ぐことができます。寝るときも食事するときも泳いでいます。

第五章　『アマテラス誕生』――日本古代史の全貌

◆はじめに

『応神陵の被葬者だれか』

いまや日本古代史はすっかり鳴りをひそめてしまった。でなければどうしていいのか途方に暮れてしまったかのようにも思える。一つにはこれまでのような歴史解釈、つまり皇国史観では国際社会に対・応できなくなったからである。皇国史観とは、大和中心と言いかえてもよいが、日本古代国家は日本列島に古くから居住した単一の民族によって成り立つという考えである。

もう一つは、古墳が実際に造られた実年代が相変わらず『日本書紀』の記述に基づいていることである。例えば、通説の古墳の年代は大阪堺市にある日本で一番大きい仁徳陵と二番目に大きい大阪羽曳野市の応神陵を基準に割り出されている。古墳は前期・中期・後期に分類されているが、応神陵や仁徳陵は中期に入る。応神陵のほうが一〇年ほど古い。

しかし『日本書紀』の方が正しいとすれば、応神天皇は二〇一年生まれの三一二年の没だから、仮に応神陵が寿墓《じゅぼ》（本人が生前に墓を造ること）であれば二八〇年ごろに造られたことになる。古墳時代の中期の応神陵がこの年代に造られるわけがない。さすが最近はこのようなことを主張する学者・研究者はいなくなり、応神陵の実年代は四二〇年から四五〇年の間となった。この一例をとってみても『日本書紀』をもとに古墳の実年代を推定することのおかしさがよくわかる。

一九九〇年から『応神陵の被葬者はだれか』『蘇我馬子は大王だった』『聖徳太子はいなかった』『古代蝦夷と天皇家』など一連の著作によって、新旧二つの朝鮮半島からの渡来集団による日本古代国家の建設とアイヌ・エミシの出自と起源を明らかにした在野の研究者石渡信一郎は、米国ボストン博物館に保存されている仁徳陵の鏡・太刀や応神陵出土の円筒埴輪から応神陵の実年代を五〇〇年前後と推定した。そして応神陵の被葬者は四六一年倭国に渡来した百済の王子昆支《こんき》であると特定した。昆支は百済蓋鹵《こうろ》王の弟で百済国のナンバー2の左賢王であった。

しかし考古学・史学界はもちろん新聞雑誌も、一在野の研究者によるこの驚嘆すべき説を完全に無視した。石渡説を認めることになれば、日本の古代史を根底から書き変えなければならないからである。本来であれば東アジアの歴史を考え直す絶好のチャンスであった。だが日本の歴史を単一民族説と大和中心史観で考えることに慣れ親しんだ学界ナショナリズム集団の姿勢は変わらなかった。

仮に石渡説が正しいと思ったとしても、日本の歴史を絶えず古くすることにエネルギーを注いできた彼らにとって、いまさら軌道修正することはできない。そして恥ずかしい。それならばしばらく黙っているか、あたりの様子を見ながら少しずつ変えていけばよいのだと思っているのかもしれない。

朝鮮南部から渡来して倭国で古代国家を建設した加羅系渡来集団は、自己の出自を偽り、自分たちの祖先は太古の昔からこの倭国という地に誕生したという神話を創り上げることによって激動の東アジアで生き延びることができた。冊封体制（中国皇帝に対して周辺諸国の君主が負う朝貢や出兵の義務）のもとで、自らの集団が邪馬台国を滅ぼし、倭国を造ったことがわかれば、たちまち中国を宗主国とする属国に転落する可能性があるからだ。

太古の昔から山も川も木も草も国家もこの地に生成したという皇国の神話は、こうして『日本書紀』の中心イデオロギーとして完成したのである。アマテラスを皇祖神とする天皇神話は、初期律令国家体制にとって近隣諸国はもちろん日本人民にも周知させなければならない必要不可欠な物語であった。

平成天皇の「ゆかり発言」

二〇〇一年一二月二三日の誕生日を前にした平成天皇が、「私自身としては桓武天皇の生母が百済の武寧王の子孫であると、『続日本紀』に記されたことに、韓国とのゆかりを感じます」と朝鮮と日本の深いつながりを認める発言をしたことに、マスコミは一斉に反応した。天皇の発言は次の通りである。

記者「世界的なイベントであるサッカーのワールドカップが来年日本と韓国で行われます。開催が近づくにつれ、両国の市民レベルでの交流が活発化していますが、歴史的、地理的にも近い国である韓国に対し、陛下が持っておられる関心、思いなどをお聞かせください」

天皇「日本と韓国の人々の間には、古くから深い関係があったことは、日本書紀などに詳しくしるされています。韓国から移住した人々や、招へいされた人々によって、様々な文化や技術がつたえられました。宮内庁楽部の楽師の中には、当時の移住者の子孫で、代々楽師を務め、今も折々に雅楽を演奏している人があります。

こうした文化や技術が、日本の人々の熱意と韓国の人々の有効的態度によって日本にもたされたことは、幸いなことだと思います。日本のその後の発展に、大きく寄与したことと思っています。私自身としては、桓武天皇の生母が百済の武寧王の子孫であると、『続日本紀』に記されていることに、韓国とのゆかりを感じています。

武寧王は日本との関係が深く、この時以来、日本に五経博士が代々招へいされるようになりました。また、武寧王は、日本に仏教を伝えたことで知られるようになりました。聖明王は、日本に仏教を伝えたことで知られています。しかし残念な事に、韓国との交流はこのような交流ばかりではありませんでした。このことを私どもは忘れてはならないと思います。

「天皇のゆかり発言」のキーワードは桓武天皇、武寧王、聖明王、雅楽であるが、天皇はあくまで国際社会のルールに沿って、外交辞令として韓国と日本の歴史を少し踏み込んで述べたにすぎない。しかしもし天皇が、武寧王が応神陵に埋葬されている昆支大王の子であることを知ったなら、読者の皆様もさすがビックリ仰天するに違いない。

私は『週刊金曜日』の編集部から「天皇のゆかり発言」について執筆を依頼された時、ほとんどの新聞やテレビは「天皇のゆかり発言」の勇気に驚きながら、いっぽうで黙殺しているか、あるいは無知であるがゆえに大騒ぎしている背景にある、日本古代史のドラマチックな史実を明らかにするべき使命を強く感じたのである。

というのは「天皇発言」の約八ヵ月前に、私は『馬子の墓』と題して四〇〇字詰原稿用紙で約一三〇〇枚に達する分量の本を出版していたし、刊行二ヵ月後に『週刊金曜日』がかなり大きなスペースを使って『馬子の墓』を紹介してくれたからである。

この本は新旧二つの朝鮮半島からの渡来集団による日本古代国家の建設とアイヌ・エミシの起源を明らかにした石渡信一郎の研究と発見の数々を辿りながら、東北地方と横手盆地の歴史探求に私の郷里深井の追想を兼ね合わせた歴史紀行である。しかしこの本の最大のドラマは天皇家の一族が天皇の墓を暴いたことであった。

私は石渡理論に沿って、第一次加羅系渡来集団と第二次百済系渡来集団の二つの朝鮮人渡来集団による日本古代国家成立の秘密と、倭の五王「讃・珍・済・興・武」の済の入婿になった百済の王子昆支（武＝応神）がヤマト王朝の始祖王となった驚くべき史実を『週刊金曜日』に発表した。

その後、私は昨年の暮れまでに『義経紀行』『漱石の時代』『ヒロシマ』を出版した。これら一連の著作の根底に流れているテーマは、万世一系の皇祖神のことであった。アマテラスが誕生したのは、大化の改新を経て壬申の乱で勝利した天武・持統時代である。

天孫降臨と三種の神器

アマテラスは皇孫のホノニニギに玉と鏡と剣の「三種の神器」を与えて、「葦原《あしはらの》千《ち》五《い》百《ほ》秋《あきの》瑞穂国《みづほのくに》は、是吾《これあ》が子孫の王《きみ》たるべき地《つち》なり。爾皇孫《なんじすめみまゆ》、就《ゆきて》治《し》らせ。行矣《さきくませ》。宝祚《あまちひつぎ》の隆《さか》えまさむこと、天壌《あめつち》と窮《きわまり》無けん」と伝えたと『日本書紀』に書かれている。

アマテラスがホノニニギに伝えた内容は「葦原の瑞穂国は我が子孫の君主たるべき地である。汝皇孫よ、行って治めなさい。さあ、行きなさい。宝祚の栄えることは、天地とともに窮まることはないだろう」ということであった。

アマテラスがホノニニギに与えた「天壌無窮の神勅」こそ、万世一系統治のイデオロギーとして明治二二年、一八八九年の大日本帝国憲法の中心思想となった。このイデオロギーは日本が広島に原爆を投下される一九四五年、昭和二〇年八月六日まで五七年間、絶大な力を発揮したが、ついに破綻した。

アメリカとの戦争が日本の壊滅的な敗北に帰して今年で六一年目になる。この間、日本国民は戦争の原因と敗北の意味を反省しなかったばかりか、敗北のトラウマを癒すこともできなかった。昨年の九月に「改革」の名のもとに行われた「九・一一郵政民営化選挙」そして「首相の靖国参拝」「イラク派兵」「女性天皇・女系天皇容認」「ホリエモン・メール事件」「王ジャパン」という政治・経済・外交・防衛・宗教・スポーツに天皇家の問題が加わった一連の騒動は、一見無関係な様相を呈しながら、ペリー来航以来形成された日本および日本人のナショナリズムを露出している。

「改革」を巡るこの響きと怒りは、「戦後平和憲法」を自らの手で創り得なかったという矛盾と葛藤を反映している。しかし私たちはその歴史的事実を思い知らなければならない。いま日本と日本国民は「敗北」という名のトラウマから解放されることなく苦しんでいる。

五胡十六国の激動と戦乱の土地を逃れ、「ここはまことによい土地」と倭国に渡来した東北アジアの鴨緑江流域に出自をもつ天皇家は、巨大中国に底知れぬ恐怖と屈辱を持ち続けながら万世一系天皇の神話を創り上げた。この四世紀後半以降中国から受けたトラウマ、そして一九四五年八月のアメリカから受けた原爆投下による敗北のトラウマ、これら二つのトラウマから日本および日本人は癒されないまま、いま新中華思想の強い風にさらされている。

私は以上のような想定から、『ヒロシマ』の次は『アマテラス』にとりかかるべく心の準備をしていた。本書はその『アマテラス』の「序章」として構想した部分を「善は急げ」という諺《ことわざ》に従ってまとめたものである。そこで私はかのトリック・スターにして尊敬すべき坂口安吾が戦後間もない昭和二六年『文藝春秋』（六月号）「安吾新日本地理」に書いた文章の一部を読者の皆様の紹介しようと思う。

万世一系だの正統だのということを特別な理由とする限り、蒙昧な呪術的な神秘的迷信時代の長理論や詭弁をもって一国の最後的な論理とする愚かさや危うさを免れることはできない。日本の運命を古事記的な神がかりにまかせおいて文明開化を導入されては助からんな。

カブツチの変わりに原子バクダンをふりまわされちゃァ危ないよ。国家の論理も文明開化に相応しようじゃありませんか。真理は簡単さ。生キテイル神様ハイナイ。しかし、また、日本の政治家は生きている神様をつくりつつあるらしいね。政治家が論理的に正当な思想をもたないと、生きている神様をつくる。論理ぬきで民衆を征服する手段は宗教的方法にまさるものはないからである。

アマテラスの故郷

『ヒロシマ』の刊行が間近になった一〇月半ばごろから、私はしきりに奈良伊勢方面への旅情に誘われるようになった。旅行の目的の一つはアマテラスの故郷を訪ねることであった。とはいっても訪ねる先は宇治山田の伊勢神宮ではなく、アマテラスの故郷と言われている瀧原宮と伊雑宮《いざわぐう》である。

三重県と和歌県の奥深い山間部を走るＪＲ紀勢本線の滝原駅の近くに瀧原宮はあり、いっぽうの伊雑宮は広大な太平洋に面してポッカリ窪んだ的矢湾からさらに奥に入り込む伊雑ヶ浦の浜辺にある。伊雑宮は近鉄志摩線の上之郷駅か志摩部駅から近い。海辺に近い東の伊雑宮と西の山峡にある瀧原宮は約三五キロ離れているが、東西一直線の同緯度にある。

筑紫中真《つくしのぶざね》の『アマテラスの誕生』によると、アマテラスは三回転身した。最初は太陽そのものであったが、次には太陽を祭る巫女《みこ》になり、そして天皇家の祖先神となった。日神から大日孁貴《おおひるめむち》、そしてアマテラスの名に変わった。筑紫中真はアマテラスが天皇家の祖先神になった時期を壬申の乱に勝利した天武が天皇に即位した七世紀末と断定している。

この三回転身論は私をつよく魅了した。なぜならアマテラスはもともとは迎えられる神ではなく、過去には迎える側の女司祭者であったからである。また、後に述べるように日本古代史の驚くべき史実が、神の変遷交替とアマテラス誕生からきわめて合理的に説明できるからである。

かつて伊雑宮ではアマテラスは男の蛇であると言われた。古代日本では神は一年に一度、海から川へ、あるいは海に通じている川を上って遠いところから訪問して来るものと考えられた。この神の妻となるべき女性はふだん神の着物を機《はた》にかけて織っていた。神が訪れた時、これを着せて自分は神と一夜妻となるためであった。この神の着物を織る　女性こそ、神まつりする巫女であった。

一方の宮川上流の山間部にある三重県度会郡大宮町の瀧原宮は宇治に引っ越した多気《たけ》大神宮の名残だという。雨水をつかさどる川の神は天の神と結ばれている。神は大空を船に乗って駆け下りてきて目立った山頂に到着する。神は山頂から中腹を経て山麓におりてくる。

人々が用意した御陰木《みあれぎ》に天の神の霊魂がよりつく。天の神がよりついたその常緑樹を人々は川のそばまで引っぱっていく。その時、御陰木から神は離れ、川の流れのなかにもぐり姿をあらわす。これを神の再生という。神が川中に出現するとき、御陰《みあれ》する神を流れの中からすくいあげるのが、神をまつる巫女の仕事だ。

瀧原宮も伊雑宮も皇大神宮（伊勢神宮）の別宮になる。大宮町の瀧原宮が格上だ。瀧原宮は伊勢神宮系の神社群の中でも、内宮に続く第三位の実力者である。伊勢神宮は皇大神宮（内宮）と豊受神宮（外宮）を合わせて言う。したがって皇大神宮の祭神はアマテラスである。

ホラー映画さながら神々の威力

皇大神宮ができたのは思いのほか新しい。『続日本紀』に「文武天皇二年十二月乙卯《きのとう》、多気大神宮を渡会郡に移す」という記事があるからだ。皇大神宮は六九八年一二月二九日にできたことになる。

外宮（豊受神宮）の祭神はトヨウケビメノカミ（豊宇気毘売神）といい、ワクムスビノカミ（和久産巣日神）の子である。古事記ではワクムスビノカミはイザナミ（伊弉冉）がヒノカグツチ（火之迦具土神）を生んだために病となり、そのときイザナミの尿から成った神である。

ワクムスビノカミの子がどうしてアマテラスと一緒に伊勢神宮に祀られているのか不思議だが、ワクムスビノカミの子のトヨウケビメは、親神が漢字で「和久産巣日神」と表記されているように生成と生産を意味する神であったからであろう。

驚くべきことに、イザナミが病にかかった時に生まれた神はワクムスビノカミだけでなかった。へどから生まれたカナヤマビコ（金山毘古神）とカナヤマビメ（金山毘売神）、糞から成ったハニヤスビコノカミ（波邇夜須毘古神）・ハニヤスビメノカミ（波邇夜須毘売神）、そして尿から生まれたのはワクムスビノカミとミツハノメノカミ（弥都波能売神）であった。西郷信綱はミツハノメノカミを水の霊と解釈する。本居宣長は『古事記伝』で「へどもくそも尿も、皆病の状態を表している」と注釈している。そして「土と水は、穀物の成る基なればまずこの神たち座すなり。又、糞尿も、土を肥やし、穀物を助け成す物なれば、由あるや」と言う。

イザナミはヒノカグツチを生んだために死んでしまった。神が死んだ。神は死ぬはずがないのだが、イザナミは出雲国と伯伎国《ははきのくに》の境に埋葬された。イザナミが隠れてしまったので、怒ったイザナギ（伊弉諾）が妻を死なせたヒノカグツチを斬り、一目散に黄泉国《よみのくに》に向かった。

斬られたヒノカグツチの首から飛び散った血が聖なる岩についたのが、タケミカヅチノカミ（建御雷神）、またの名をトヨフツノカミ（豊布都神）となった。タケミカヅチは鹿島神宮の祭神となり、トヨフツノカミは香取神宮に祭られている。いずれの神も武力と殺戮の神である。

イザナキはいとしい妻に会うことができたが、「見てはいけない」というイザナミとの約束を破って見たイザナミの身体のいたるところに蛆《うじ》がわき、蛆はコロコロと音を立てていた。イザナキは驚愕した。腐敗と死を想像させる蛆と雷公《いかづち》の誕生は、『古事記』が自然の凄まじい威力を見せつける場面である。

自分の姿を見られて怒ったイザナミが夫のイザナキを追いかける光景は、ホラー映画さながらのスリリングだ。しかし悲劇的ではない。アマテラスはイザナキが「なんと汚らしいものを見てしまったことか」と禊《みそぎ》した時に左目から生まれた神であった。右から生まれたのがツキヨミ（月読命）で、鼻から生まれたのがスサノオ（素戔嗚尊）であった。

甘樫丘東麓遺跡の発掘調査

『ヒロシマ』の出版交流会が終わった翌日から九日目のことである。二〇〇五年一一月一四日月曜日の早朝、私は「蘇我入鹿の遺構か、日本書紀の裏付け」という朝日新聞の第一面の記事を見た。記事は考古学関係のニュースとしては最近珍しい新聞上段の二分一を占める大きなスペースであった。それだけに一瞬、私の胸はとてもおおきな期待でふくらんだ。しかしまもなくその期待も、当惑とあきらめに似た何とも言いようない色あせた気持ちに変わった。新聞の記事は次の通りである。

奈良県飛鳥村の甘樫丘《あまかしのおか》のふもとにある甘樫丘東麓遺跡で掘っ立て柱五棟や塀などの遺構が見つかった。奈良国立文化財研究所が一三日、発表した。九四年には約二〇メートル南東で大量の焼けた壁材や木材、土など（七世紀中ごろ）が出土しており、そのすぐ近くで発見されたことで、今回の建物群は、大化改新のクーデタで倒れた権力者蘇我入鹿の焼け落ちた邸宅跡の可能性が高いという。同研究所は周囲の発掘を続け、『日本書紀』に描く蘇我氏滅亡のドラマを裏付けたい考えだ。

記事の最後に現地見学会が一六日午前一〇時から午後三時までとあった。記事の内容は単なる発掘調査の報告だが、しかしこれだけ大きく報道しているのだから何かあるかもしれない。いずれにしても私は伊勢志摩行きを二日早めて現地見学会に参加することにした。朝一番の新幹線に乗り、京都で近鉄特急に乗り変えれば昼頃には橿原神宮前に十分到着できるからである。

私はここ数年飛鳥方面を訪ねていなかったので、飛鳥寺から石舞台古墳を回り、近鉄線岡寺駅近くの見瀬丸山古墳に上るつもりであった。石舞台古墳の南側の玉藻橋《たまもはばし》から橘寺に通じる遊歩道に出れば、途中天武・持統天皇陵の野口ノ王墓や鬼の 俎《まないた》 や鬼の雪隠《せっちん》を見ることができるし、橿原神宮前周辺に宿をとれば、新沢千塚古墳も近い。

気になることは、朝日新聞の見出しの大きさが記事の内容とつり合いがとれていないことや、記事も何か褪《さ》めた調子である。もっとも気がかりなのは発掘物の科学的データ分析を専門とする国立文化財研究所が日曜日に記者会見を開くと言うのはただ事ではない。朝日新聞の「『日本書紀』の裏付け」という見出しにも違和感を覚える。

このところ新聞やテレビを賑わしている「女性天皇・女系天皇容認」と一五日に帝国ホテルで行われる天皇家の結婚式が、この発掘調査の報道とどこかでなにやら関係しているのではないかと憶測したくなる。「『日本書紀』の裏付け」という見出しも、女性天皇皇極の時に起きた中大兄皇子と藤原鎌足のクーデタの記事が本当だったということを言いたいのだろうか。皇極は即位しなかったという有力な説もあるからだ。

坂口安吾も『日本書紀』の「皇極紀」の全編を覆う「ヒステリックで妖しい狂躁」の記事から皇極の即位を疑っている。むしろそのことを裏付けるような遺物が発見されたのであれば一大事である。新聞記事は「皇極の即位」は「ウソではなかった」と不自然に強調しているようにも感じられるが、私の思い過ごしであろうか。

梅原猛は『隠された十字架』で川原寺を鎮魂の寺とした。天智が怨霊を恐れ，川原寺と橘寺を建てたという。太子の霊を祭れば蘇我氏の霊を慰めることができるので、母の住まいの近くに祟《たた》られた霊を祭る寺と祟るほうの霊を祭る寺が必要だった。祟られた寺が川原寺で祟る寺は橘寺である。

母とは斉明天皇のことだ。斉明天皇は六四五年の乙巳《いっし》のクーデタで弟の孝徳に譲位したが、六五五年斉明天皇として重祚《ちょうそ》（再度即位）した皇極天皇は天智と天武の母であり、舒明天皇の皇后である。太子とはもちろん聖徳太子のことである。母の近くの住まいとは板蓋宮《いたぶきのみや》（奈良県明日香村岡の飛鳥京跡）である。

ただここで断っておかなければならないことは、梅原猛が『日本書紀』に書かれているように、聖徳太子は本当に実在して、聖徳太子の子である山背大兄皇子とその一族が蘇我入鹿に殺害されたと信じていることである。その入鹿が舒明天皇亡きあと、皇極の愛人であったというのが梅原猛の面目躍如たる説である。

「『日本書紀』の記述通り、甘樫丘から蝦夷邸と思われる大規模な建物群が見つかれば蘇我氏滅亡の舞台の全貌が明らかになる」と、朝日新聞は『日本書紀』の記述にこだわる。私はさらにもう一紙の読売新聞の記事を見た。こちらの方が記事に勢いと情熱が感じられる。

現場は甘樫丘《あまかしのおか》の東山麓で入鹿暗殺の舞台となった飛鳥京の北西六〇〇メートルの位置にあたる。背後の尾根を登れば、入鹿が殺害された飛鳥板葺宮をはじめとする歴代天皇の宮殿が造られた飛鳥京跡が眼下に広がる。

私は急いで外に出た。そして近くのコンビニで東京新聞を買い、さらにメトロ新桜台駅の売店で毎日新聞を買った。「飛鳥板葺宮でのクーデタで入鹿が中大兄皇子らに殺害された後、父・蝦夷は自邸に火を放ち自殺したとされるが、近くにあった入鹿邸がどうなったか日本書紀には書かれていない」と東京新聞。

「日本書紀に、蝦夷が天皇の特権とされた八佾《やつら》の舞を奉納したと記されるなど、権力の絶頂にあった蘇我氏の滅亡のドラマは、入鹿が今回の調査地の東七五〇メートルにあったと見られる飛鳥板葺宮で殺され、蝦夷が家宝に火を放ち、自害して幕を下ろす」と毎日新聞はわかりやすく伝えている。朝日新聞は先に述べたようにトーンダウンしているが、東京、読売、毎日も第一面のトップ記事の扱いである。

蘇我蝦夷は大王だった

坂口安吾だけは蘇我蝦夷が大王であることを知っていたし、そのことを堂々と発表した。安吾は「天皇紀」や「国記」を焼こうとしたのは蝦夷ではなく中大兄皇子や藤原鎌足であることに気がついていた。大王である蝦夷が「国の歴史」を好き好んで焼くわけがないことを、この鋭敏にしてタンテイ好きの作家が見逃すはずがない。

蘇我氏が滅びるとともに、天皇家や諸豪族の系図や歴史がすべてなくなってしまうことなどありえないと、安吾は言い切る。むしろ「天皇紀」や「国記」が蝦夷の邸宅に保管されていたとすれば、蘇我蝦夷が大王だったことの証拠だと安吾は言う。

「日本書紀」は焼けようとした「国記」を船史恵尺《ふねのふひとえさか》が取り上げて、中大兄皇子に捧げたと書いてあるが、事実はあべこべで、それを焼いてしまったのは中大兄皇子や鎌足だったと安吾は自信たっぷりである。おそらく中大兄皇子と鎌足は必要な部分は利用し、蘇我王朝の証拠になるようなものはすべて焼却させたに違いないと、安吾は断定した。

坂口安吾の「飛鳥の幻」は、昭和二六年三月から『文藝春秋』に連載され、「安吾新日本地理」シリーズ四回目として六月号に発表された。このなかで安吾は『日本書紀』「皇極紀」の記述が異様にヒステリックで妖しい狂躁にみちているのは、何か特別に重大な理由がなければならないと疑った。吉野の宿で安吾は夜の一二時ごろ目を覚ました。これから訪ねる甘樫丘や檜隈《ひのくま》や雷ノ丘などがつぎつぎに浮かんできて、興奮していたのである。

午前四時には起きて五時半には宿を出発した。今回の旅は安吾にとってよほど自信のあるものだった。蘇我蝦夷と入鹿の滅亡とともに「天皇紀」と「国紀」が消滅した理由ははっきりしている。『日本書紀』全編を通じて、異様にざわめきたっているのは「皇極紀」であることに気がつけば、『日本書紀』の成立の理由が分かると安吾は確信する。そのもっとも生々しい理由は蘇我大王の否定と抹殺にあったと安吾は推理する。

安吾の推理は、安吾自身卑下しているようなインチキ探偵の下司のカングリの類ではなかった。クーデタ政権が現政権の優位を系譜的に決定づける万世一系天皇の神話を創作しなければならなかったことを、文章をつくることに優れた文人である安吾は見抜いていた。

『上宮聖徳法皇帝説』の欠字

安吾は二〇歳の時、代沢小学校の教員を辞めて東洋大学印度哲学科の倫理学科に入学した。そのころ、安吾は本名「炳五」から筆名の「安吾」に変えた。父仁一郎が安吾の生まれた明治三九年が丙午《ひのえうま》だったから「炳五」という名をつけたのだった。安吾は今までの不規則な生活に見切りをつけ、本当に勉強しようと決心したのである。

そこで出会ったのが『上宮聖徳法皇帝説』であった。この本は一一世紀以前の作と伝えられている作者未詳の聖徳太子の伝記である。欽明天皇から推古までの在位・崩年・陵墓に関することがらが詳しい。大学の授業で日本仏教史をやると必ずこの『上宮聖徳法皇帝説』を読まされたと、安吾は「飛鳥の幻」で回想している。安吾がタンテイしたのは、『上宮聖徳法皇帝説』の欠字のことである。安吾は入鹿の山背大兄皇子殺害事件と入鹿暗殺事件について書かれた記事の「欠字」をタンテイする。
「飛鳥天皇御世癸卯年十月十四日、蘇我豊浦毛人《とようらえみし》大臣ノ児□□林太郎、大臣ノ児、入鹿臣□□林太郎伊加留加宮《いかるがのみや》ニ於テ山代大兄及其ノ昆弟合セテ十五王子悉ク之ヲ滅ス也」という山背大兄皇子の殺害事件と、「□□□天皇御世乙巳年六月十一日、近江天皇、林太郎□□ヲ殺シ、明日ヲ以テ其ノ父豊浦大臣子孫皆之ヲ滅ス」という入鹿暗殺の記事である。安吾は敏感に『日本書紀』の物々しい記述の裏にえたいの知れないウソを感じとる。

入鹿・蝦夷が殺される皇極天皇の四年間だけでなく、その前代の欽明《ママ》〔舒明〕天皇の後期ごろから何千語あるのか何万字あるのか知らないが、夥しく言葉を費やして、なんとまァ狂躁にみちた言々句々を重ねているでしょうね。文士の私がとても自分の力では思いつくことができないような、いろんな雑多な天変地異、妖《あや》しげな前兆の数々、悪魔的な予言の匂う謡の数々、血の匂いかね。薄笑いの翳《かげ》かね。

すべてそれはヒステリィ的、テンカン的だね。それらの文字にハッキリ血なまぐさい病気が、発作が、でているようだ。なんというめざましい対照だろう。法皇帝説の無感情な事実の記述は静かだね。冷たく清潔で美しいや。それが事実というものの本体が放つ光なんだ。書紀にはそういう清潔な、本体的な光はないね。なぜこん名に慌しいのだろうね。テンカン的でヒステリィ的なワケはなんだろう。それは事実をマンチャクしているということさ。

そして安吾はこの欠字になった部分は天皇の名か、ミササギの場所の名が入るはずだと推理する。『日本書紀』の皇極二年の十月六日は、蘇我蝦夷は病気と称して朝堂に姿を見せず、息子の入鹿に紫冠を授けて大臣を名のらせた。「入鹿臣□□林太郎」という欠字には、おそらく天皇的な、それに類する語、蝦夷の私製の特別な語が入るはずだと推測する。次に引用する後半の部分は直接坂口安吾の欠字タンテイとは関係ないが、次の引用文の最後に登場する「古人大兄皇子」は要注意人物である。

蘇我大臣蝦夷、病に縁りて朝《まい》らず私に紫冠を子入鹿に授けて、大臣の位を儗《なずら》う。復《また》其の弟を呼びて、物部大臣という。大臣の祖母は、物部弓削大連《もののべのゆげいおおむらじ》の妹なり。故、母が財に因りて、威《いきおい》を世に取れり、戊午《ぼこ》に、蘇我臣入鹿、独り謀りて上宮の王等《みこたち》を廃て、古人大兄をたてて天皇とせんとする。

入鹿と蝦夷の殺害を『上宮聖徳法皇帝説』は「□□□天皇御世乙巳年六月十一日」と書いている。書紀では皇極四年である。皇極四年であるならば飛鳥天皇か皇極天皇と書くはずだと安吾は言う。飛鳥天皇は二字だが、□□□天皇は三字だ。しかも「近江天皇、林太郎□□ヲ殺シ、明日ヲ以テ其ノ父豊浦大臣子孫等皆之ヲ滅ス」とある。

近江天皇とは中大兄皇子のことだが、中大兄皇子はまだ天皇に即位していなかった。「入鹿

□□林太郎」も「林太郎□□」もきっと天皇か皇太子、あるいは天皇と皇太子を蘇我流にアレンジした意味の語があったはずだと安吾は推理した。

ともかく、大和を中心とする夥しい古墳群は小心ヨクヨクたる現代人のドキモを抜く充分な巨大きわまるものだね。玄室の石の一ツの大きさだけでも呆気にとられるね。それらの古墳が、それが誰のもので、誰の先祖だか、てんでわかるまい。『古事記』と『日本書紀』が示した系譜なるものが、実は誰が誰の先祖やら、人のものまでみんな採り入れたり、都合の悪いものは取り去ったりしているに相違ないと思われる。

★　★　★

八木駅を降りた安吾は五尺五寸ぐらいの肉づきの美しく、浄瑠璃寺の吉祥天女そっくりの白いうりざね顔のお嬢さんを見る。そしていたく感動する。安吾は歩き疲れ、考え過ぎて、夢うつつになったかもしれない。何時ころだったのか、安吾は記していないが、とても天気の良い春の夕暮れ時だったかもしれない。それはまさに安吾にとって素晴らしい知の黄昏時であった。

安吾が生まれてから一〇〇年、「飛鳥の幻」を書いてから五四年、亡くなってからちょうど五〇年になる。安吾よ、貴方は古代史に関してけっしていかがわしいタンテイなどではありません。貴方が「蘇我蝦夷が大王だった」と指摘したのは本当だったのです。

歴史家でも考古学者でもない貴方が、『日本書紀』の文章の不自然さから本当のことを発見したのですから、貴方は凄い人です。貴方は人間のことをよく知っています。そして貴方が自由の人であったからこそ、それができたのです。「真理が人間を自由にする」のではありません。自由が真理を発見させるのです。「自由は真理の根拠である」ことを貴方は身をもって証明したのです。

「隠れたもので現れないものはない」という箴言もあります。事実、しっかりと貴方の推理を解き明かした天才が出たのですよ。その人は在野の研究者ですが、野にいたからこそ自由な発想ができたのです。この人は本当に歴史から抹殺されようとしていた蘇我王朝を復活させたのです。これで日本の古代史はとても面白くわかりやすくなりました。

私が話すことがらは、すべて石渡信一郎先生が発見したと言っても過言ではありません。ですからこの人を私は心から「先生」と呼びます。貴方ならこの気持ちをわかってくれるでしょう。

先生は貴方のように文章は達者ではありません。しかし、推理力においては貴方に勝るとも劣ることはありません。先生は貴方とはタイプも違い、酒もタバコも賭けごとの一切しない真面目でとても物静かな人です。私など側にいて自分自身が恥ずかしくなります。このような人が驚天動地の発見をしたのです。

先生の背が高いのは貴方に似ています。黒沢明の映画も凄いですが、先生の日本古代史上の数々の発見はノーベル賞の価値があります。ただ先生は耳の聞こえはあまりよくありません。

だからでしょうか、先生は人づきあいよくありません。しかし長い間、高校の英語教師をやっていたので人間嫌いではないはずです。先生は貴方のようにスポーツ万能ではありません。全く反対の人と思っていただければ結構です。しかし若い時の先生がどうだったのかはわかりません。

貴方がもし生きていて、虚心坦懐に私が話すことに耳を傾けてくださるなら、きっと貴方は「それ見たことか」とニンマリするにちがいありません。一見、豪放磊落な貴方ですが、もともと根はやさしく、よく気がつく人ですから、私のことはともかく、石渡先生のことを「たいした奴が現れたものだ」と誉めてくれるのは間違いないと私は思っています。

◆おわりに

三つの謡歌《わざうた》を解く

本書の脱稿が間近になって、私は一つの大きなことに気付いた。その信憑性は一〇〇%とは言えないが、あえて公表する。最終章の「アマテラスの誕生」にも引用したが、蝦夷と入鹿が専横を極めたとする「皇極紀」三年（六六四）六月から七月にかけての次のような記事である。

皇極紀三年（六四四）三月の「是の月に、風吹き雷なり氷雨《ひさめ》ふる。冬令《ふゆのまつりごと》を行ったからである。国内の巫覡《かんなぎら》等、枝葉を折り取り、木綿《ゆう》を懸掛《かけし》でて、大臣の橋を渡る時を伺候《うかが》い、争《きそ》いて神語《かんごと》の入微《たえ》なる説《ことば》を陳《の》ぶ。其の甚だ多くして、悉く聴くべからず」という天変地異の記事がある。この有様に老人たちは、「時勢が変わる前兆だ」と言った。時に三首の謡歌《わざうた》があった。

遥々《はろはろ》に　言《こと》そ聞《きこ》ゆる　島の藪原《やぶはら》

遠方《おちかた》の　浅野の雉《きざし》　響《とよも》さず　我は寝《ね》しかど人そ響《とよも》す

小林《おばやし》に　我を引入れて　姧《せ》し人　面《おもて》も知らず　家も知らずも

秋七月になると、東国の巫覡《かんなぎら》等は「常世の神を祭れば、貧しい人は富み、老いた人は若返る」と言った。そしてさかんに民に家の財宝を捨てるように勧めた。都の人も田舎の人も常世の虫を取って、神聖な座に置いて、歌ったり舞ったりして、珍宝を捨てた。葛野の秦造河勝《はたのみやつこかわかつ》は、民が惑わされているのを見て大生部多《おおふべのおお》を討った。巫覡《かんなぎ》等は恐れて祭りを勧めること止めた。時の人は次の歌を詠んだ。

太秦《うずまさ》は　神とも神と　聞こえ来る　常世の神を　打ち懲《きた》ますも

この虫はふつう橘《たちばな》の木や、曼椒《ほそき》に生《な》る。『日本書紀』は、ここで「曼椒はホツキという」と注釈を入れている。つまり山椒《さんしょう》の木のことである。虫の大きさは四寸あまりで、ちょうど親指ほどである。色は緑色で黒い斑点があり、形は蚕に似ている。

こうして一年後の皇極四年（六四五）六月一二日、蘇我入鹿は大極殿で佐伯連子麻呂《さえきのむらじこまろ》と葛城稚犬養連網田《かつらぎのいぬかいのむらじあみた》によって斬り殺された。この日、雨が降って溢れた水で庭は水浸しになった。

鞍作《くらつくり》の屍《しかばね》は敷物や屛風で覆われた。「皇極紀」は三つの謡歌の解説で終わる。小学館版『日本書紀』の注釈によると、三つ目の謡歌の「小林」は大極殿、「我」は入鹿臣、「姧《せ》し人」は中大兄だという。

ここにある人は、「〝小林《をばやし》に　我を引入れて　姧《せ》し人の　面《おもて》も知らず　家も知らずも〟というのは、入鹿臣が突然宮中で、佐伯連小麻呂・稚犬養連網田《わかいぬのむらじあみた》のために斬られたことの前兆である」と言った

四天王寺の国宝「丙子椒林の太刀」

私の少なからず大きな発見というのは大阪四天王寺の国宝である「丙子椒林《へいししょうりん》」の太刀に関係する。寺伝ではこの太刀は「七星剣」と一緒に聖徳太子が百済から献上されたことになっている。この太刀が著名なのは刀剣の柄《つか》の近くに「丙子椒林」の四字が刻まれているからである。

新井白石（一六五七—一七二五）が「丙子椒林」と読むまでは、大江匡房《まさふさ》（一〇四一—

一一一一）によって「丙毛槐林《ひょうもうかいりん》」と読まれ、以来、物部守屋を斬った刀だとか、「丙毛槐林」の四字は馬子大臣であるとか諸説があった。新井白石は「丙子」は太刀を作った年とし、「椒林」を太刀の工作者と推定した。現在までおおよそ白石の見解が定説となっている。

新井白石が考えたように「丙子」を干支の丙子とすると、刀の製作は推古二四年（六一六）にあたる。その二年前の六一四年に蘇我馬子の病気平癒のために一〇〇〇人の男女が出家した。問題は椒林の二字である。読者の皆さんはすでに私が先に引用した『日本書紀』の記事からも気づかれたと思うが、「椒」は山椒のことである。常世の虫は橘の木や曼椒《ほそき》（山椒）に生《な》ると『日本書紀』は記している。「常世の虫」はここで蝦夷と入鹿を象徴的に言い表している。

本書「第四章　アメノタリシヒコはだれか」で書いたように、馬子の宮は「橘の島の宮」とも呼ばれていた。橘と椒は明らかに通じる。すると「椒林」の林は何を意味しているのか、「山椒の木の林」ではないことはあきらだし、たった四字の銘文に工作者の名を刻むのはおかしい。

「皇極記」二年（六四三）一一月の記事に山背大兄皇子とその一族がすべて入鹿に滅ぼされたと聞いて、蘇我大臣蝦夷が怒り罵る場面がある。入鹿が蝦夷から紫冠を受けて大臣の位についたときである。そのとき誰かが「岩の上に　小猿米焼く　米だにも　食《た》げて通らせ　山羊《やましし》の小《お》父《じ》」と歌った。『日本書紀』はこの謡歌《わざうた》を次のように解説する。

時の人は、前の童謡《わざうた》の答えを解説して「『岩の上』は上宮を喩えている。『小猿』は林臣を喩えている。〔林臣は入鹿である〕。『米焼く』は上宮を焼くことを喩えている。『米だにも　食げて通らせ山羊の小父』は山背王《やましろみこ》の頭髪が斑で乱れており、山羊に似ているので喩えたのだ」と言った。

入鹿をふくめて蘇我氏が「林臣」と書かれているのは『日本書紀』の全巻を通して、後にも先にもこの箇所と「天武紀」一三年（六八四）一一月の大三輪氏など五二氏に朝臣姓が与えられたという記事のなかに「林臣」が入っているだけである。小学館版『日本書紀』の注釈によると、「『姓氏録』左京皇別に林朝臣同祖、武内宿禰とする」とある。武内宿禰は蘇我氏の祖と言われる伝説の人物である。

いずれにしても入鹿が林臣と呼ばれた可能性があり、「林氏」と「蘇我氏」との関係は濃密であることがわかる。とすると四天王寺の「丙子椒林」の剣は推古天皇二四年（六一六年、干支は丙子年）に蘇我馬子か蝦夷が何らかのかたちで関係している可能性が高い。馬子か子の蝦夷が関係して剣を作らせたこともありうるが、法隆寺釈迦三尊像光背銘の天武持統時代に刻銘したものをあたかも推古時代に刻銘したかのようにみせかけた金石文も存在するのだから、どちらとも言えない。

堅塩媛《きたしひめ》改葬の儀式

ところで七世紀初頭に伎楽が仮面音楽劇のような形式で倭国に入っている。『日本書紀』の推古天皇二〇年（六一二）の記事に、百済の味摩之《みまし》が来朝して「呉に学んで、伎楽を習得した」といったので、桜井に住まわせて少年たちに伎楽を習わせたとある。

この年の二月に皇太夫人堅塩媛《きたしひめ》（欽明天皇の后）を檜隈大陵《ひのくま》（見瀬丸山古墳）に改葬する儀式があった。伎楽がこの堅塩媛の改葬の儀式に行われたかどうかは不明だ。寺が少なかった飛鳥時代に古墳の周囲を伎楽が練り歩いたと考えるのは想像のし過ぎだろうか。しかし四天王寺の丙子椒林剣が伎楽用に創作されたものと考えれば、この剣が馬子のために造られたと考えてもおかしくはない。父馬子の病気快癒を祝って蝦夷が造らせた可能性もある。すると「椒林」は蝦夷を指す別名と考えても面白い。

入鹿の林という氏名については、破天荒な推測だが蘇我大王家の始祖王昆支が「ソカ」大王（隅田八幡人物画像鏡銘文）と呼ばれ、その「ソカ」が「日十」「早」「日下」という漢字の訓読みの「はやい」が「はやし」となり、漢字で「林」と表記されるようになったと、私は想像したりするのである。

しかしすでに石渡信一郎先生が、ヤマトタケルが絶叫した「あずまはや」の「はや」は詠嘆の助詞ではなく、アズマ（東国）がアスカ（大東加羅）と同根であると指摘していることを忘れることはできない。先生は「はや」はカヤ（加耶）が、カヤからハヤに転化したものと考えている。古代はカ＝ハであったからナムカヤ（南加羅）はナミハヤ（浪速）、ク（カ）スカヤ（大東加耶）がカサハヤ（風早）・イサハヤ（諫早）などの地名として残っているからである。ヤマトタケルの叫んだハヤは、まだアスカラ（大東加羅）の支配地になっていないエミシの地域でもあった。

★　★　★

本書の出版については、彩流社の塚田敬幸さんにお世話になっている。社長の竹内さんがとても忙しいので、若い塚田さんに代わってもらった。塚田さんは私の息子とちょうど同じ年ごろだから、何となく気楽に話せる仲だ。

今回の執筆はワープロからパソコン入力に切り替えたので、彼に教えてもらおうという魂胆もあった。「あとがき」は明日彼に渡すつもりだ。私はこの「あとがき」にさらに輪をかけ、尾ひれをつけて話すことを楽しみにしている。要領のよい彼の適切な受け答えは私の知的作業をとても有効な刺激になるからである。

★　★　★

ところで私事になりますが、今月三月末日の定時株主総会を機に、私は三二年間勤めた三一書房を退任します。株主を巻き込んだ約七年半におよぶ労使紛争が一ヵ月前に終結したからです。この間編集業務と流通が正常に機能することができず、多くの著者、多くの業者、多くの読者の方々に多大なるご迷惑を掛けましたことを、この紙面を借りて心からお詫び申しあげます。

　また今回の労使和解交渉と紛争終結に当たり、世話人の一員として並々ならぬ尽力と知恵と創意を与えて下さった著者の増尾由太郎さんと水沢渓さんに心からお礼を申し上げます。そして長い間、陰ながら励ましてくださった。著者、読者、親戚、郷里の皆さんにも、この紙面から感謝の念をお伝えすることをお許しください。

　しかし食と医療と環境問題のライターとして頑張っていた平沢正夫さんが紛争の終結を知ることなく、昨年夏、二〇〇五年八月一八日突然亡くなりました。そして奇しくも平沢さんに九日遅れて八月二七日に藤田友治さんが亡くなりました。藤田さんは、古代史研究、とくに、好太王碑文の研究を通して日本の古代史を東アジアの歴史に位置付けようとして、今一歩のところで心臓麻痺で倒れました。

　亡くなった二人の著者に共通する精神は「書くこと」に対する限りない執念と努力でした。その奮闘する精神を讃えながら二人の冥福を心からお祈りいたします。

二〇〇六年三月一〇日

林　順治

第六章　『武蔵坊弁慶』——神になったエミシの末裔

はじめに

問うことはすべて、探し求めることです。探し求めることはすべて、探し求められるものから予《あらかじ》め決定されています。

（『存在と時間』マルチン・ハイデカー、桑木務訳、岩波文庫）

倶利伽羅峠を越えて

越前の白山平泉寺を命からがら逃れた義経一行は、その日は篠原に泊まった。一行は頼朝の追跡を逃れて奥州平泉の藤原秀衡を頼って、北陸道を下る途中であった。今の石川県加賀市片山津に当たる篠原は、斉藤別当実盛《さねもり》の討死した場所として知られ、付近には実盛の首洗い塚や実盛像がある。ちなみに『義経記』には「金津（福井県金津町）を経て篠原に一泊する。篠原は斉藤別当実盛が討たれた所である」と書かれている。

一行は安宅《あたか》の渡しや根上《ねあが》りの松を見物し、鶴来《つるぎ》の白山比咩神社を参拝してから加賀国の富樫《とがし》というところに泊まることになった。富樫介という人物はこの地で知らない者がいないほど富裕であった。

「殿は宮の腰に泊まりなさい」と弁慶。「寄り道は無益だぞ」と義経。「いや、あとで大勢の者に追いかけられては具合が悪い」と弁慶は先手必勝法だ。弁慶が富樫邸を訪ねると案の定玄関口で大騒ぎになった。「乞食坊主が暴れています」と侍ども。そこに大口袴に烏帽子《えぼし》の富樫介が現れた。

「そちらはどこの山伏か」と富樫介。「東大寺の勧進をする山伏です」と弁慶。東大寺は治承四年（一一八〇）の平重衡《たいらのしげひら》による焼き討ちで灰燼に帰したので、その再建のための俊乗坊重源《ちょうげん》が中心になって全国的な勧進活動を行っていた。「どうして一人なのか」と富樫。「同行の者は宮の腰です。伯父の美作阿闍梨《あじゃり》は東海道から相模国へ勧進のために下向しました。拙僧は当国に参りました。ご寄進はいかがなさいますか」と弁慶の知ったかぶりと押しの強さは天下一品だ。これでは富樫介は断ることはできない。

富樫は上等な絹五〇疋《ひき》を寄進したうえ、奥方や家来の一五八人も勧進に加わった。弁慶が富樫介から寄進された絹五〇疋は約一〇〇反になる。一反は布では並幅で鯨尺二丈八尺だ。並幅一反は幅三六センチの約一〇メートルあるので、一〇〇反全部つなぎ合わせると、絹の布が一〇〇〇メートルの長さになるのだから、富樫の寄進は並大抵のものではないことがわかる。

弁慶は富樫介から貰った品々は来月上洛するときに頂戴するからと言って、自分は富樫介の家来に義経が待っている宮の腰まで送ってもらった。「遅かったぞ」と判官義経。「いや、いろいろもてなされた上、馬で送ってもらいました」と弁慶。

義経一行は倶利伽羅峠を越え、平家が木曽義仲によって壊滅的な敗北を喫した場所でお経を読んで如意《にょい》の渡し場に到着した。倶利伽羅峠は越中と加賀の国境の砺波《となみ》山を中心とする。その峠を旧北陸道が通っていた。今の小矢部《おやべ》市と石動《いするぎ》駅と倶利伽羅峠駅の中間あたりになるが、そこはちょうどトンネルになるので車窓から景色を眺めることはできない。

私が峠を訪ねたときには倶利伽羅不動寺までタクシーに乗り、そこから約六キロの距離をJR石動駅まで歩いた。道も程よく整備され、周囲の山々もはるか遠くまで見えたので、頂上付近で源平供養塔や芭蕉の句碑をカメラで撮り、平家の軍勢が陣をしいた猿の馬場はどこかと探した。下りのふるさと歩道も万葉の句碑が所々に並んで旧北陸道の面影を今に残し、木曽義仲が戦勝祈願したという埴生八幡宮まで約四キロの道程をあっという間に歩いた。

如意の渡

義経一行が如意の渡で船に乗ろうとすると、渡し守の平権守が、「山伏は五人でも、三人でも通してはならないことになっている。とくに一六人となるとなおさらだ」と、一行を厳しく遮った。そこで弁慶が「さて、北陸道で羽黒の讃岐阿闍梨を知らない者がいるだろうか」と言い放った。

すると船の真ん中に乗っていた男が、弁慶の顔をじっと見ながら「本当に見かけたような気がする。一昨年も三十講の御幣といって、お授けになった御坊ですか」とどこでも必ず知ったかぶりの輩がいる。この場合、男は一行の都合のよいように作用した。「なんとえらい人よ」と弁慶。「三十講」というのは、法華三部経十巻を一日に三度ずつ十日間講義する法会《ほうえ》のことである。

渡し守が「そんなに顔見知りなら、お前が渡してやれ」と捨て台詞《せりふ》を吐くと、弁慶は「判官殿とわかっているなら、はっきり指して言われよ」と迫った。弁慶の特徴はまさに単刀直入であることだ。渡し守も思わず「間違いなく判官殿だ」と義経の方を指さした。「あれは白山から連れてきた若い御坊だ」と、弁慶はいきなり「ここから白山にお戻りあれ」と言って山伏姿の義経を船から引きずり降ろし、もっていた扇で嫌というほど殴りつけた。

渡し守は「羽黒山山伏ほど情け知らずはない。これでは私が打ったのと同じだ」と言って楫《かん》取《どり》のそばにのせた。「それでは船賃を出して乗りなさい」と船頭が言うので、弁慶は「いつからの習慣で、山伏が関賃や船賃を出す法があろうか」とやり返す。船頭は「いつもは取ったことはないが、あまりにも御坊の意地が悪いからだ」という。

「そんな風に我らに辛くあたるなら、出羽国へ今年から来年にこの国の者だって行かぬことはよもやあるまい。坂田の港は、この稚児の父坂田次郎殿の支配地だ。今にこの返礼をしてやるぞ」と弁慶が威したので、渡し守もついに観念した。

このようにして六道寺の渡をやっと越えた。六道寺は越中国氷見《ひみ》郡伏木にあった。いまの富山県高岡市伏木古府の地で、庄川を隔てて射水《いみず》市に架かる渡し場である。一行は六道寺で一夜を過ごし、いかせの渡、宮崎、岩戸の崎という浦に着いた。

久我の姫北の方は「四方《よも》の海浪よるよる来つれども今ぞ初めて憂き目をば見る」と詠んだ。「京都を旅立って、あちこち海辺を幾夜となくたどり歩いてきたが、いま初めてこうした辛い目にあうことよ」というような意味である。すると弁慶は姫の歌を訂正して次のように詠った。

わだつみの　浪のよるよる来つれども　今ぞ初めて　よき日をば見る

歌舞伎「勧進帳」のルーツ

弁慶が訂正した歌は「海の浪が岸辺に打ち寄せるように幾夜となく海浜を旅して来たが，今初めてよい目にあったことよ」という意味であった。一行は越後国を出て花園の観音堂に参詣した。ここは八幡太郎義家が安倍貞任を攻めた時に、戦勝祈願のために三〇領の鎧を寄進したところであった。

花園観音堂はJR信越線直江津の東方関川河口左岸にあるが、義家が安倍貞任攻略のためになぜこの地に祈願したのかその理由が不明だ。ただ、「安寿と厨子王」の供養塔がある。この物語は一〇六一年藤原師実《もろざね》が左大臣になった翌年に前九年の役が終わっているが、その頃のことに題材をとった「語り」の一種、説経節・説経浄瑠璃の類である。

最近、いわき市金山に「安寿と厨子王の史跡」と標柱が立てられたという。物語「さんせう大夫」と安倍貞任追討の前九年の役と義経一行が訪れた直江津の観音堂との因果関係は、史実と伝説が錯綜して説明が難しい。

さて『義経記』の巻七「如意の渡にて義経を弁慶打ち奉る事」は、謡曲の『安宅』や「歌舞伎十八番」の『勧進帳』のルーツになった。『勧進帳』は一八四〇年（天保一一）三月江戸河原崎座で七代目市川団十郎の弁慶、二代目市川九蔵の富樫、八代目市川団十郎の義経で初演された。初代市川団十郎が能の舞台と演出を写し、長唄を地にした新形式の演劇を創造したのである。歌舞伎の『勧進帳』が写した能の『安宅』は四番目物として『義経記』によっている。「四番目物」とは、江戸時代、五つの能の演目を一日中演じていたので、その四番目に演じられた「雑能物」をいう。主に狂女を主人公にしたものだが、一番・二番・三番・五番に入らないものも入っているので雑能物と呼ばれる。「狂女」は愛の苦しみのため鬼と化すので、鬼が登場する場面が多い。

ちなみに一番目物は神能物でいろいろの神（翁）が登場する。二番目物は修羅物と呼ばれ、平家や源氏の武士の戦闘と修羅を描く。三番目物は鬘《かつら》をつけた女性が主人公の「羽衣」「熊野《ゆや》」などがある。五番目物の「切熊野」は人間でないもの、つまり異界の幽霊・天狗・妖怪・鬼が登場する。四番目物は人間が突然鬼に変化する。五番目物の鬼は生まれも育ちも生粋の鬼だが、彼らは別世界から人間界にやって来て、人間界で善いこともするが、悪いこともする。

『義経記』では弁慶が生まれた時、髪は肩が隠れるほど長く生え、歯も口いっぱいに揃《そろ》っていたので、父の熊野別当弁せうはこの子は鬼神に違いないと言って、簀巻《すまき》にして水底に沈めるか、山奥で磔《はりつけ》にするように命じた。しかし別当の妹がその生まれたばかりの子をもらい受け、「鬼若」という名をつけて大事に育てたのであった。

だからこそ弁慶は能の世界でいうと四番目物にも五番目物にも入る。なぜなら弁慶は善いことも悪いこともしたばかりか、自分の悪事は天皇のためになると堂々と公言したからである。しかし弁慶は女ではなく男として生まれ、愛の苦しみに狂うこともなかった。ただ、弁慶の母はなぜか五条天神の前で南から吹いてきた一陣の風で狂い、熊野詣によって治癒している。

能の『安宅』は詞書《ことばがき》が歌舞伎『勧進帳』の元になっているので、ストーリーはほぼ同じだ。シテ役の弁慶がワキ役の富樫との激しくも切迫した論争を切り抜け，延年の舞を舞いながら虎口を逃れるように奥州に向かう。この場面は黒沢明によって『虎の尾を踏む男達』というタイトルで映画化された。

黒沢明のこの作品は敗戦直後の一九五二年に公開され、黒沢明は大河内伝次郎を弁慶役、藤田進を富樫役にして、エノケンに強力《ごうりき》を演じさせた。エノケンの役は、事件の渡来を予兆する民衆の知恵を体現している。宴会のおこぼれにあずかって眠りこけたエノケン強力の肩に一行の誰の仕業かわからないが、義経の着物がかけられていた。延年の舞を舞う能の『安宅』の詞書を次に引用する。

日は照るとも、絶えずとうたり、絶えずとうたり、疾く疾く立てや、手束《たつか》弓の、心許すな、関守の人々、暇申して、さらばよとて、笈《おい》をおっとり、肩に掛け、虎の尾を踏み、毒蛇の口を、逃れたる心地して、陸奥の国へぞ、下りける。

富山湾と立山連峰

二〇〇六年一二月の暮、私は京都からJR琵琶湖線に乗り換え膳所《ぜぜ》駅で下車して義仲寺を訪ねた。この木曽義仲の墓所に芭蕉の墓が隣接して建てられている。芭蕉は義仲の隣に埋葬するよう遺言したからである。源平合戦から五〇〇年後の芭蕉がなぜ義仲を慕ったのかその秘密を知りたかったこともあるが、前回訪ねた時は月曜日の休日に当たり境内に入れなかったので、弟子の又玄が「木曽殿との墓の背中合わせの寒さかな」と詠んだこともあり、芭蕉の墓の位置が気になっていた。

境内に入ると木曽殿の墓の奥《みなみ》に隣接して芭蕉の墓があった。寺務所の受付でもらった「義仲寺案内」に次のような説明が書かれていた。

義仲公（木曽塚） 土壇の上に宝篋院塔をすえる。芭蕉翁は木曽塚ととなえた。忌日「義仲忌」は、毎年一月の第三日曜日に営む。

燧《ひうち》山（元禄二年）　義仲の寝覚《ねざめ》山か月かなし　芭蕉

無名庵にての作（元禄四年）　木曽の情雪や生《はえ》ぬく春の草　芭蕉

義仲寺を見たその日は京都駅前のホテルに泊まり、翌日早朝、湖西線経由の富山行きの特急に乗り、高岡から氷見線に乗り換え終点の氷見駅で下車した。高岡駅から氷見駅まで距離にして一八キロ、所要時間は途中の六つの駅をいれて三〇分もかからない。市販の地図を見ると、富山湾西側の氷見市は口を大きく開けた鮫《さめ》のような形をした能登半島の喉元あたりに位置し、東の魚津市に対応する。

高岡始発の二両編成の電車は小矢部河口近くの伏木駅まで八キロほど北上し、伏木から北西方向に向かって湾岸沿いに、越中国分・雨晴《あまあらし》・島尾の各駅に停車して氷見に着く。氷見線沿いは、伏木を中心に名所・旧跡が多い。

沿線の見所は、如意の渡、大伴家持の越中国守館跡、越中国分寺、北前船資料館、勝興寺（越中国庁跡）などである。つまりこの沿線は古代から越中の中心地であり、大伴家持を主人公とする万葉の故郷である。

日本海側の中央にある富山湾はその最深部は一二〇〇メートルに達するという。紺碧の海の向こうに三〇〇〇メートル級の立山連峰がまるで蜃気楼のように聳えたつ。何年かに一度夢に見る息をのむような景観である。東は立山連峰、南は一〇〇〇メートル級の飛騨山脈、西方は二七〇〇メートルの白山を中心とする山々。それらの山々を源流とする小矢部川、庄川、神通川、常願寺川、黒部川など、大小の川が富山湾に運ぶ水量は想像に絶する。

富山湾には日本海に分布する約八〇〇種のうち五〇〇種の魚が遊泳するという。そこに日本海側を北流してきた暖流の対馬海流の一部が能登半島沿いに流れ込むので、暖流系の魚と冷水系の魚が共存して棲むことができる。

雨晴《あまはらし》海岸

午後二時ごろ氷見駅からそのまま氷見漁港の北側に隣接する氷見海鮮市場に直行した。市場を見物したり、漁港の上空を飛び交うトンビを眺めたりしてから午後四時すぎに上庄川にかかる氷美乃大橋の北側の富山湾が一望できるというホテルに泊まった。翌朝、ホテルの送迎バスで氷見駅に着いた時には、ほんとうに霧雨交じりの風が吹いていた。休日のせいか乗客もまばらな車中に、雨晴駅から大勢の団体の観光客が乗り込んできたので、降りようかどうしようかと迷っているうちに電車が発車してしまった。

雨晴海岸は、義経一行が北国落ちの途中、この海岸でにわか雨にあい、弁慶が持ち上げた岩陰で雨宿りしたという「義経雨はらし岩」の伝説で知られている。しかし、むしろ大伴家持がこの海岸で多くの歌を詠んだことの方が史実に基づいている。

その上天気のよい日は、立山連峰の景観を一望できるので観光客に人気がある。家持が雨晴海岸で詠んだその一つを次に紹介する。渋谷は雨晴海岸のことだが、義経の故事以前は「有磯《ありそ》の海」と呼ばれたという。歌は「馬を並べて、さあ出かけようじゃないか。渋谷の清らかな磯に、打ち寄せる波を見るために」という意味である。

馬並めて　いざ打ちいかな　渋谷の清き磯廻《いそみ》に　寄する浪見に
（萬葉集　巻一四　三九五四）

越中国分駅の次の伏木駅で私は下車した。駅の案内所でもらった何枚かのパンフやチラシをもって如意の渡に向かった。雨はどうにか止みそうであった。氷見駅から如意の渡は直線距離にして二、三百メートルもない。駅前の通りを高岡方面にわずかに歩いて左折すると氷見線の踏切が見える。その踏切の右前方が如意の渡であった。というのは渡し場と思える平屋の建物の右隣に弁慶が扇で義経を打とうとしている巨大な銅像が目についたからである。

しかしその時点で私は何の思いつきも、精神的な高揚もなく、と言って消極的な気分にもなっていなかったが、要するにこの手の伝説の地に何か特別の期待もしていなかったし、うかつにも今の今まで、渡し場として利用されていることは知らなかったのである。しかしそこはれっきとした「伏木港湾交通株式会社」が経営する渡し場であった。

如意の渡は小矢部川（旧射水川）の古名で、小矢部川左岸の伏木と中伏木（旧六道寺）は連絡船で結ばれている。昔は六道渡、龍（鹿子）の渡とも呼ばれた。対岸の中伏木までの距離は約三〇〇メートルだが、おおよそ五分で渡れる。渡船時間は朝七時から午後七時までだ。

というのは対岸の射水市中伏木は小矢部川とさらに五〇〇メートル東を流れる庄川に挟まれた中州になっている。ＪＲ高岡駅前から射水市の新富山港近くの越ノ方駅までの約一二・八キロを走行する万葉線（高岡軌道線）は、中州の中伏木駅を通過するからである。ＪＲ伏木駅と中州の私鉄中伏駅の連絡は日常生活に欠かせない。

如意の渡で、たまたま客を待っていた連絡船の船頭さん、つまり今風にいえば、運行スタッフの坂林さんを見て、私は思わず「こんにちは！」と彼の丸くて厚い手を握った。一瞬、坂林さんの風貌と体躯にこの地の生活と歴史を感じたからに違いない。彼の人懐っこい表情とその分厚い手から、私は自分の体に言い知れぬエネルギーがひしひしと伝わってくるのを感じた。

私と数人の客は坂林さんが楫《かじ》をとる五トンにも満たない自称「飛鳥Ⅲ」に乗って小矢部の河口を一五分ほど遊覧した。坂林さんが自分の楫をとる船を「飛鳥Ⅲ」と呼んだのは、この年の三月に豪華客船「飛鳥Ⅱ」が伏木港に入港したからであった。船を降りるころ、私の頭には今日のことを含めて、ここ数日の事柄を織り交ぜた「序章」の構想がまとまりかけていた。

坂林さんと別れ、大伴家持の「越中国守館跡」の石碑が立つ高岡市伏木気象資料館の眺めのよい広い坂道を上るころは、私はすっかり陽気になり、しかも次第に青空も見え始めていた。

「越」の国

『日本書紀』によれば、皇極天皇元年（六四二）の九月三日に天皇は百済大寺を建てるために「近江と越の丁《よぼろ》を挑発せよ」と命令している。「丁」とは労役のことだが、次の段に「二一日に、越《こし》の辺りの蝦夷《えみし》数千人が帰順した」とある。数千人のエミシは大変な数である。割り引いて数えても、当時、越のあたりに多くのエミシが住んでいたことになる。

これから述べるエミシのことは、本書第二部四章で詳述しているので、ここでは新旧二つの渡来集団がとくに日本海側の先住民蝦夷に対してどのような侵攻を行ったのか、またそのころ、盛んに交流関係にあった「渤海国《ぼっかい》」とはいかなる国であったのか、その骨格を描いてみようと思う。

六四七年、孝徳天皇の大化三年に「渟足《ぬたり》柵を造り、柵戸《きのへ》を置いた」と『日本書紀』に書かれているが、翌年の六四八年の記事には「磐舟柵をととのえて蝦夷に備えた。そして越と信濃の民を選んで、初めて柵戸を置いた」とある。蘇我王朝をクーデタで滅ぼした中大兄皇子政権が最初に行った蝦夷侵攻の具体的行動である。

「初めて置いた」と記録されているように、事実、蝦夷侵略のための城柵の名が登場するのは、これが最初である。渟足柵は現在の新潟市沼垂にあり、第二の柵磐はさらに北方約四〇キロの山形県境に近い現在の村上市磐舟に造られた。

越中国守大伴家持の公邸にあった高岡市伏木古国府《ふしきふる》から村上市の磐舟まで、距離にして約三四〇キロある。皇極天皇が徴発した「丁」が高岡周辺も入るとすれば、クーデタ政権による日本海側のエミシ侵攻はかなりのスピードで進んだと言える。

「蝦夷数千人が帰順した」という記事もあながち信用できない話ではない。おそら皇極天皇の時代に「労役」を命令しているほどだから、もっと早い段階で越の相当の範囲は大和朝廷の支配下にあったにちがいない。問題は「越」の範囲である。

五世紀から六世紀ころの越はおよそ敦賀《つるが》の若狭から新潟県の中央部の弥彦山と長岡市を結ぶラインまでと考えられている。しかし大和朝廷に近い若狭国は五世紀中ごろに成立していた。

越前・越中・越後の呼称は七世紀後半の天武天皇の時代からとされているが、史料的には特定できない。『続日本紀』文武天皇の大宝二年（七〇二）三月条に「越中国のうち四郡」（頸城《くびき》・魚沼・古志・蒲原）を割いて越後国の所属とした」とある。「越中」「越後」の初出である。『続日本紀』にはこの七年後の和銅二年（七〇九）年三月五日条に次のように書かれている。その時の天皇は元明、左大臣は石川麻呂、右大臣は藤原不比等であった。

陸奥・越後の二国の蝦夷は、野蛮な心があって馴れず、しばしば良民に害を加える。そこで使者を遣わして、遠江・駿河・甲斐・信濃・上野・越前・越中などの国から兵士など徴発して、左大臣・正四位下の巨勢朝臣麻呂を陸奥鎮東将軍に任じ、民部大輔・正五位下の佐伯宿禰石諭《いわゆ》を征越蝦夷将軍に任じ、内蔵頭・従五位下の紀朝臣諸人を副将軍に任じて、東山道と北陸道の両方から討たせた。

そしてこの年の七月一三日には、越前・越中・越後・佐渡の四国の船百艘を征狄所に送らせているので、日本海側の蝦夷征服は新潟県の北部をのぞく地域まで拡大していることや、徴発された兵士が関東を除いた甲信越に限られていることがわかる。
『日本書紀』景行天皇四〇年（一一一）是歳条には、ヤマトタケルがエミシ征伐の帰途、「新《にい》治《ばる》筑波を過ぎて　幾夜か寝るつる」と詠んだ後、「蝦夷の凶悪な首領どもは、皆その罪に復したが、信濃国と越国だけは、すこしも王化に従わないでいる」と言って、甲斐から北方の武蔵・上野を廻って、西方の碓日坂《うすひざか》に至ったとある。碓日坂は今の軽井沢に至る入山峠と言われている。

『古事記』と『日本書紀』のヤマトタケルの記事は、『続日本紀』の元明天皇和銅二年（七〇九）三月五日条に書かれている巨勢麻呂《こせまろ》と佐伯石湯《いわゆ》のエミシ討伐の史実が反映している。

越中国守大伴家持

家持が越中国守として赴任した天平年間（七二九―七四八）は、大変な激動の時であった。大野東人が多賀城から横手盆地の雄勝を経て日本海側の秋田城に至る道を開設しようとしたのは、天平九年（七三七）一月のことだし、その年は藤原不比等の子藤原四兄弟が天然痘で次々と亡くなり、右大臣であった不比等の長子藤原武智麻呂の後を橘諸兄が引き継いだ年でもある。

天平一三年（七四一）、能登国は越中国に合併され、翌年二月佐渡国が越後国に合併された。聖武天皇の天平一八年（七四六）三月宮内少輔に任じられた従五位下の大伴家持は三ヵ月後の六月二一日、越中国守に任じられた。家持は七五一年の天平勝宝三年まで越中国府に滞在した。その同じ年の九月一九日、百済王敬福《くだらのこにきししょうふく》が石川年足の代わりに陸奥守に任じられている。敬福は七四九年に陸奥国小田郡に出た黄金を献呈している。

家持は陸奥国守百済王敬福の黄金献上の報を聞いて、その年の五月に「陸奥国より金《くがね》を出せる詔書をことほぐ歌」として長歌一首と短歌三首を贈っている。三首の短歌の一つ「天皇《すめらぎ》の

御世《みよ》栄えむと　東なるみちのくやまに黄金《くがね》花咲く」は有名である。

家持はこの歌を贈ってから三五年後の桓武天皇の延暦三年（七八四）三月に陸奥按察使・征東将軍として陸奥国に赴任している。その翌年の八月二八日陸奥国で没した。六五歳であった。しかし家持は桓武天皇延暦四年（七八五）の皇位継承をめぐる藤原種継暗殺事件に関係した疑いで、没後になって官位を剥奪されたが、家持の子弟の名誉回復運動が功を奏して平城天皇大同元年（八〇六）にその名誉が回復された。その年の三月一七日桓武天皇が没し、安殿《あて》親王こと平城《へいぜい》天皇が践祚した。

家持は越中国守として滞在中の五年間に約二二〇首の歌を詠んだ。家持が赴任した翌年の聖武天皇天平一九年（七四七年）四月二七日と二八日の「立山の賦《ふ》」は壮大無限の自然に対する家持の敬虔な気持ち現れている。家持そのとき三〇歳であった。次にその歌を紹介する。

立山の賦一首併せて短歌　この立山は新川郡にあり

天離《あまさか》る　鄙《ひな》に名懸《か》かす　越の中　国内《くにち》ことごと　山はしも　繁《しじ》にあれども　川はしも　多《さは》に行《ゆ》けども　皇神《すめかみ》の　領《うしは》きいます　新川《にひかわ》の　その立山に　常夏《とこなつ》に　雪降りしきて　帯《お》ばせる　片貝川《かたかひ》の　清き瀬に　朝夕ごとに　立つ霧の　思ひ過ぎめや　あり通ひいや年のはに　外《そと》のみも　振り放《さ》け見つつ　万代《よろずよ》の　語らい草《ぐさ》と　いまだ見ぬ　人にも告げむ　音のみも　名のみも聞きて　羨《とも》しぶるがね　（巻一七　四〇〇〇）

（訳）越の国にはたくさんの山があるのに、川もたくさん多く流れているが、とくにその中で皇神が支配する新川の立山。その山は夏中も降りつぎ、帯となさる片貝川の清らかな瀬には朝も夜の霧が立つ。どうして忘れることがあろうか。毎年、よそながら仰ぎ見て、後の話の種として、まだ見たこともない人びとが、うわさだけでも、名前だけでも聞いて、羨ましくおもうだろうよ。

立山に降り置ける雪を常夏に見れども飽かず神からならし　（巻十七　四〇〇一）

（訳）立山に降り積もった雪を夏じゅうみていても飽きることはない。神の山にそむかない山だから。

片貝の川の瀬清く行く水の絶ゆることなくあり通う見む　（巻十七　四〇〇二）

（訳）片貝川の清らかな瀬を流れゆく水のように、絶えず通ってきて立山を見よう。

渤海国と日本海

家持が越中国守として赴任した天平一八年（七四六）の『続日本紀』に「渤海国と鉄利人合わせて一一〇〇人が日本の天皇の進化を慕って来朝した。朝廷は彼らを出羽国に配して保護し、衣類や食糧を給し自由に還らせた」という記事がある。「天皇進化を慕って」とあるその「天皇」とは聖武天皇のことである。

百済王敬福が陸奥国小田郡から出土した黄金九〇〇両を貢上する三年前のことであり、東大寺大仏殿が完成する六年前のことである。渤海国からの日本来着の記事は，聖武天皇神亀四年（七二七）五月二二日の『続日本紀』が最初である。

それによると、渤海国王の使者は首領高斉徳ら八人が出羽国に来着したので、使いを遣わして慰問し、また時節にあった服装が支給されたとある。同じ年の二月二九日の記事は、出羽に来着した渤海人を慰問した使者の話と渤海人高徳斉の来朝の際の報告に基づいている。

使者を遣わして、高徳斉らに衣服と冠・はき物を賜った。渤海郡はもと高麗国である。淡海朝廷の七年一〇月、唐の将軍李勣が高麗を討ち滅ぼした。その後、この国の朝貢は久しく絶えていた。ここに至って渤海郡は、寧遠将軍の高仁義ら二四人をわが朝へ派遣したが、蝦夷地に漂着したために仁義以下が殺害され、首領の高徳斉ら八人が、僅かに死を逃れて来朝した。

「淡海朝廷の七年」というのは、天智天皇が実質即位した六六七年をさしている。この年、唐と新羅の連合軍によって高句麗は滅びた。その六年前の六六〇年には、唐と新羅の連合軍によって百済が滅ぼされている。中大兄皇子は六六三年三月、百済再興のため二万七〇〇〇人の兵を百済に送ったが、八月二八日の白村江の戦いで唐軍に壊滅的な敗北を喫し、百済再興は失敗に終った。

渤海国から出羽国への来着は、この百済と高句麗の滅亡から約六〇、七〇年経っている。そもそも、中大兄皇子が百済再興のために倭国の国力をかけて支援したのは、百済が倭国王朝の母国であったからである。

蘇我王朝を倒した継体系の中大兄こと天智天皇も四六一年に百済から渡来した夫余・高句麗系の昆支王（応神天皇）を始祖王としていたからである。『続日本紀』神亀五年（七二八）正月一七日条の渤海国の使者高徳斉から聖武天皇に渡された渤海王の次の書状は意味深長である。

渤海第二代の王武芸が申しあげます。両国は山河を異にし、国土は遠く離れています。遥かに日本の風聞を聞いて、ただ敬仰の念を増すばかりです。恐れながら思うのに、日本の天朝は天帝の命を受け、日本国の基を開き、代々曳航《えいこう》を重ね、祖先より百代に及んでいます。

武芸は忝《かたじけな》くも、不相応に諸民族を支配して、高句麗の旧地を回復し、夫余の古い風俗を保っています。ただし日本と遥かに隔たり、海や河がひろびろと広がっているため、音信が通ぜず慶弔《けいちょう》を問うこともありませんでした。

しかし、今後は相互に親しみ助け合って、友好的な歴史にかなうような使者を遣わし、隣国としての交わりを今日から始めたいと思います。そこで謹んで寧遠将軍郎将の高仁義・遊将軍果毅都尉《かきとい》の徳周・別将の舎航ら二四人を派遣して書状を進め、合わせて貂《ひょう》の皮三百枚持たせてお送りいたします。書面の言上では十分真意が伝わるとは思いません。機会あるごとに音信を継続して、永く隣国の好《よしみ》を厚くしたいと望みます。

この年の二月一六日、従五位下の引田朝臣虫麻呂が渤海使として派遣されることになった。

これ以来、渤海使は嵯峨天皇の弘仁二年（八一一）までの約九〇年間に一五回派遣されている。一方、渤海国からの日本来着記録は、醍醐天皇の延長七年（九二九）まで三五回におよぶ。弘仁元年（八一〇）までに限定すると、その回数は一六回である。

『渤海国の謎』の著者上田雄によると、それは「送って行って、送られて、そのまた帰り送って行って」の関係であった。来着したのは役人ばかりではない。難民もいたと考えられる。すると記録外の来着はもっと多いはずだ。彼らの日本海沿岸の漂流先は、八一一年までは出羽、佐渡、能登、加賀の順に多いが、出羽の四回が突出している。当時、出羽は第四章「エミシ対三八年侵略戦争」に書いたように大和朝廷にとって未征服のエミシの居住地域であった。

高句麗の遺民が造った国

そもそも渤海国は六六七年に唐・新羅連合軍によって滅ぼされた高句麗の遺民が建国した国である。唐は、契丹人と高句麗の遺民を営州（現、遼寧省朝陽）に強制移住させた。遼寧省は遼東半島を含む中国東北部になる。吉林省・国竜江省などとともにかつては「満州」と呼ばれた地域である。

「遺民」とは、王や朝廷が滅んだ後に残った民をいう。この強制移住は、中国北方民族が戦乱の五胡十六国時代からとっていた「徙民《しみん》政策」であった。この徙民《しみん》政策は侵略者がとる労働力と土地の確保のための常套手段であった。唐もまた隋と同様の北方民族鮮卑族の支配者層を出自としているからである。

六九六年、契丹人李尽忠《りじんちゅう》が唐の営州都督を殺害して反乱を起こしたので、高句麗王族の流れをくむ靺鞨《まっかつ》族の乞乞仲象《きつきつちゅうしょう》の子大祚栄《だいそえい》が反乱の主導者となった。

靺鞨族は高句麗滅亡前に南下していた粛慎族で高句麗では「靺鞨」と呼ばれ、百済王族が出自とする夫余系の騎馬民族である。大祚栄が初代王として建国した「震国」は国名を改めて「渤海国」となった。渤海国は九二六年、契丹国に滅ぼされるまで一五代、二三〇年続いた。

七二七年の出羽国に来着した高斉徳《こうせいとく》一行は、大祚栄の子第二代目武芸の使者であった。武芸は七三八年に亡くなり、長子大欽茂がその後を継いだ。大欽茂の在位は七三七から七九三年と記録されているので、日本は桓武天皇の延暦一四年（七九五）にあたり、対エミシ侵略戦争の最終段階にさしかかっていた。

この年は征夷大将軍が敗戦の責任を問われ紀古佐美にかわって大伴弟麻呂が任命され、一一月三日、渤海使呂定林ら六八人が出羽国の志里波村に来着している。同じ年の八月七日、陸奥鎮守将軍百済王俊哲が死去した。俊哲は七四三年大仏建立のために黄金を献上した陸奥守百済王敬福の孫である。

『日本後紀』によると、「出羽国は渤海国使定林ら六八人が夷地志里波村に漂着したが襲撃を受け、人・物共に失われたと言上してきた。そこで、生存している人たちを越後国へ移して、規定に従い休養せよと勅を下した」とある。ちなみに渤海国からの来着は一二月から一月にかけて圧倒的に多い。彼らが冬の季節風の強くなる時期を選んで日本海を渡ったことを物語っている。

彼らが特定の出航地を持っていたことは確かだが、記録上は不明だ。彼らの航海が天候に左右されるとはいえ、強い季節風に乗れば弓なりに湾曲した日本海沿岸に到達するのは確実である。しかも白い雪で覆われた白山・立山連峰・月山・羽黒山・鳥海山・岩木山は、冬季の厳しい暗黒の波間を航海する者にとって導きと救いの白い神の山であった。とすれば、山伏姿に扮した弁慶と義経一行が蝦夷地奥州平泉を救済の地として北国落ちをする物語は象徴的である。

百済王族の末裔

渤海国人の日本沿岸の来着と対エミシ侵略三八年戦争とを結びつける説がある。つまり高句麗滅亡後の統一新羅に対する渤海人と倭国に亡命してきた百済王族の怨念と憎悪が互いに連帯感となって結びついているというのである。この仮説は渤海人と百済亡命王族が出自を夫余・高句麗系とする同族であることを考慮にいれるならば、かなり真実性を帯びてくる。

たしかにこの百済亡命王族の末裔である百済王敬福、その孫俊哲はエミシ侵略戦争に多大な貢献をした。敬福は天平神護二年（七六六）の『続日本紀』にその死を「薨《こう》じた」と記載されているように貴人扱いであり、敬福は事実、刑部卿・従三位で亡くなった。一方の敬福の孫俊哲は対エミシ三八年侵略戦争で征夷の総司令官として陸奥鎮守将軍まで昇格した。

俊哲は延暦一〇年（七九一）坂上田村麻呂とともに、第四次征夷のための兵員・武器点検を命じられて東海道を巡察したが、そのまま征東大使大伴弟麻呂の下で征東副使となり、さらに鎮守将軍に昇格した。俊哲は桓武天皇の延暦一四年（七九五）八月に死去しているが、『日本後紀』には「陸奥鎮守将軍百済王俊哲が死去した」とあるのみで、俊哲が何歳で亡くなったのか知ることができない。

　いずれにしても敬福と俊哲は、百済国王最後の義慈王の王子で日本に亡命した禅広（善光）を始祖とする直系の氏族であった。渤海人と百済亡命王族の連帯感を俊哲ら百済王族末裔のエミシ戦争への積極的参加と、この時期の頻繁な渤海人の日本海沿岸来着との関係にみる説は確たる証拠となる史料がないが、七二七年に初めて日本に来着した渤海国使者高斉徳ら一行がエミシによって殺害された事件にその端緒を見ているが、あながち間違っていない。

　光仁・桓武天皇の親子二代によるエミシ征服戦争は、四六一年に渡来して崇神王朝の倭王済に入り婿した百済昆支王（応神）の末裔たちによる戦争と考えればわかりやすい。事実、桓武天皇の母高野新笠は『新撰姓氏録』に「朝臣、百済国都慕王一八世の孫武寧王より出ず」とあるように、和氏の祖先は武寧王の子純太太子とされている。

　武寧王が一躍脚光をあびたのは、一九七一年、韓国の公州市にある武寧王陵から「寧東大将軍の百済斯麻王は、年齢六二歳で癸卯年（五二三）の五月七日に崩御した」という意味の墓誌が発見されたからである。隅田八幡人物画像鏡に記されているように斯麻王は武寧王のことである。武寧王は蓋鹵《がいろ》王の弟昆支（応神天皇）の子であることは石渡信一郎の研究によって明らかにされた。このことによって、日本最大の古墳応神陵に埋葬されている人物が百済の王子昆支であることや、応神陵の築造年代が五〇〇年前後であることもわかったのである。

復活したエミシの末裔

律令国家開始以降、とくに対エミシ三八年侵略戦争によって、多くのエミシが戦争捕虜として連行された。「多く」と言っているが、その数は五万人を下ることないと信じている。光仁・桓武天皇がこの戦争のために動員した兵力は、二三万九八〇〇〇人に数万人を足した数であることが、『続日本紀』に記録されている。

私は武蔵坊弁慶がこの対三八年エミシ戦争時に戦争捕虜として連行されたエミシの末裔であると想定している。なぜなら『日本後記』によれば、桓武天皇の延暦二一年（八〇二）七月一〇日条に「造陸奥国胆沢城使坂上田村麻呂が帰京した。夷大墓公阿弖流為と磐具公母礼ら二人を従えていた」とあり、さらに八月一三日条に「夷大墓公阿弖流為と磐具公母礼を斬刑に処した」とある。

つまりエミシの首領アテルイとモレが捕虜として連行されたのである。そして一ヵ月後の八月一三日はアテルイとモレは処刑された。坂上田村麻呂は「今回はアテルイとモレを郷里に戻し、帰属しないエミシの模範にしたい」と申し出たが、公卿らの反対で河内国の植山で二人は斬られた。

私は武蔵坊弁慶がエミシの地であった東北地方の民衆が数百年の歳月をかけて創り上げたアテルイとモレの化身であり、エミシのシンボルであり、復活したエミシの末裔であり、アテルイとモレは帰ることはなかったが、弁慶は清和源氏の末裔義経を連れて衣川に帰還した英雄であったと想像する。

だからこそ、弁慶は五条の橋で源氏の末裔牛若丸と遭遇し、清水寺で和解するのである。清水寺は武人坂上田村麻呂がエミシ殺戮を懺悔して建立した寺である。義経が源氏の棟梁となった兄頼朝に追放されることによって、弁慶は義経の守護神となる。それは武によってではない。芸と弁舌と知恵と勇気と愛情によってである。

アテルイとモレは公卿たちの決定により、河内国植山で処刑された。河内植山については、幾人かの研究者によっても大阪府枚方市宇山町説が有力である。石渡信一郎も枚方市宇山を有力とする。日本に亡命した百済王《くだらのこにきし》一族の居住となった河内国交野郡中宮に建てられた百済王氏寺が宇山に近いからである。

百済王族の末裔はエミシ戦争に情熱を注いだ。とくに敬福の孫俊哲は鎮守府将軍まで昇進したが、かつてエミシに包囲されあわや命を失う危険な目にあった。その恨みもあって百済王族の根拠地に近い宇山をアテルイとモレの処刑地として選んだというのが、石渡説である。それ

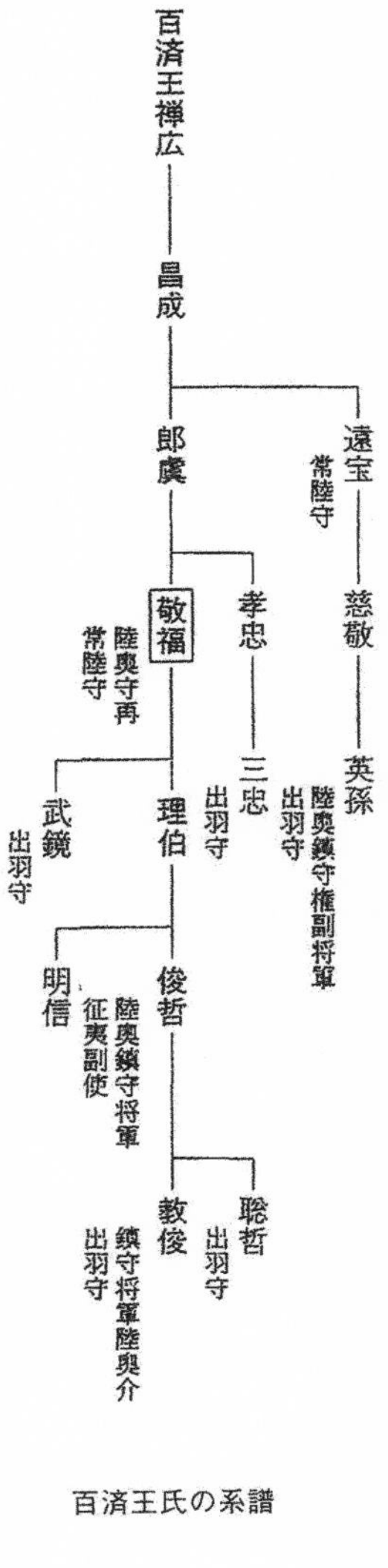

百済王氏の系譜

には桓武天皇の承諾もあったという。

確かに俊哲の妹百済王《くだらのこにきし》明信《みょうしん》は桓武天皇の政治ブレーン正二位右大臣藤原継縄（七二七―七九六）の妻であったし、桓武天皇に寵愛され正従三位まで昇進している。というのも桓武天皇は百済王族の血を引く母の高野新笠を崇拝したばかりか、自ら百済王族出自の女官を多く登用したからである。

百済王神社を訪ねて

二〇〇七年（昭和一九）二月二三日、私は清水寺境内のアテルイとモレの記念碑を見てから、三条京阪駅から枚方市に向かった。清水寺の石碑は一九九四年一一日に建立された「顕彰碑」であって、処刑地を記念したものではない。また枚方市宇山にアテルイとモレの銅像があったというが、現存していない。

今は片埜《かたそ》神社の境内が牧野公園になり、その公園の一角に片埜神社がある。アテルイの首塚は牧野公園の中央にある。公園は京阪線牧野駅から東に歩いて、五、六分の距離だ。首塚の所在地は牧野町だが、北側は宇山町で南側は淀川に合流する穂谷川を境に黄金野になる。牧野駅に戻り、そこから二つ目の枚方市駅で降りて中宮西之町の百済王神社を目指して東北方向に歩いた。

駅の案内所で教えられた通り、天野川の陸橋を渡り、イズミヤというスーパーの角を右折し、一つ目の信号を目印に左の路地に入った。前方は狭い坂道になり学校に突き当たったので左回りに迂回するとバス通りに出た。そこは禁野《きんや》町（禁野本町。大阪市枚方市の町名、現行行政地名は禁野本町一丁目及び禁野本町二丁目）といって、バス通りを挟んでその向う側が中宮西之町であった。

私が北側の石段を登り公園内に入ると、百済王神社に隣接した金網をめぐらした敷地の中央で発掘調査らしい様子の作業員が二、三人地面にうずくまっていた。「何が出ますか」と私。「回廊の瓦です」と作業スタッフの若者。「南門はどこですか」と私。「向こうです」と私が立っている背後を指さした。「すると講堂は向こうですね」と私がいま歩いてきた方向を指さしてつぶやくように言った。あまり作業の邪魔をしたくなかったからである。

若いスタッフは立ち上がって「そうです。金堂はその手前です」と言う。「塔は？」と私。「そことあすこです」と自分たちが作業している左右を指さした。南門があり、横長長方形の南の回廊の中心に中門があり、回廊の左右に東塔と西塔があり、中門に対応する回廊北側の中心に食堂がある。回廊の外に講堂がある。南門・中門・食堂・講堂が南北一直線の百済式寺院であった。私は奈良・飛鳥時代の伽藍配置を思いだした。

日本で一番古い飛鳥寺は回廊の中に塔を真中に左右に金堂、塔の北にもう一つ金堂がある。回廊南側の中心に中門があって、回廊の外北に講堂がある。四天王寺は南門・中門・塔・金堂・講堂が南北一直線で、南の中門の北の講堂を回廊で結ぶ。法隆寺は南門・中門・回廊があって、回廊の中は東に金堂、西に塔があり、回廊の北に講堂がある（拙著『馬子の墓』参照）。

私は百済寺跡に隣接している百済王神社の境内に移動した。境内の西側からは、つい先ほど渡ってきた天野川の陸橋が見えた。この地は西に天野川、北に淀川、生駒山脈につながる甘南備《かんなび》山を背後にした大阪難波方面を眺めることができる高台になっている。京都から大阪に向かう新幹線の進行方向前方に見える石清水八幡宮のある男山の西麓一帯に位置する。

大阪に帰る車中、社務所でもらった『由緒』を読むと、「一四代の応神天皇の世に、百済王が王仁《わに》を遣わして論語・千字文を献上した。三三代推古天皇の御世、百済の阿佐王が来朝して、聖徳太子に仏像・経典・三六〇〇巻を貢献した。太子はその功績を喜んで、阿佐王に交野《かたの》に土地と住居を与えた」とある。

百済王神社のことはおおよそのことがわかったので、この日の夕方は大阪駅前のホテルにひとまず落ち着いた。明朝は新幹線で下関まで行き、最終章に予定している「琵琶法師」の取材のために、壇ノ浦の戦で幼くして亡くなった安徳天皇を祀る関門海峡の赤間神宮を訪ねるつもりだ。

◆おわりに

斜陽館の前で……

津軽三味線館の外は肌を突き刺すような冷たい風が吹いていた。一緒に会館を出た二組の夫婦と一人の中年の男性は駐車場の方に姿を消した。私は金木の斜陽館前で一一時五〇発の津軽半島の西北端小泊《こどまり》村行きの弘南バスを待つことにしたが、早めの昼食をとるためレストラン兼用の物産館に入った。

ゴールデンウイーク前の四月中旬のせいか、私をのぞいて客は誰もいない。奥のレストランも一一時半の開店だという。店内を回り道路に面したガラス戸の前に立つと、斜陽館の偉容が目の当たりに見える。「年間の入館者はどれほどですか」という私の質問にとまどった受付の女性は、奥の事務室から戻ってきて「二〇万人だそうです」と教えてくれた。その女性が玄関右手の格子戸の向こうから、太宰治とは無関係な不躾な質問をした私を覗いているような気がしながら、私はしばらく格子戸の方を何とはなしに眺めていた。

私はふと思いついたことがあったので、「津軽三味線の生演奏、よかったよ」と物産館のレジの女性に話しかけた。「若い女性の二人組でしょ」とレジの女性。私が「よかった」と言ったことに不満のようだ。もっと上手な弾き手がいるといわんばかりの表情に見えた。

「ところで津軽三味線の本ある?」と念のため私は聞いた。「そこにたくさんあります」と女性が指さした方向をみると、私のすぐそばの平棚の一角に五種類ほどの並製の本がうずたかく積まれていた。置いてあるほとんどが大條和雄の著作による本である。その中から変形横長の『津軽三味線のルーツを求めて』というタイトルの五〇頁ほどの持ちやすく活字の大きめの冊子を買った。それには第一五回郷土史研究賞を受賞したと著者紹介にある。版元は文芸津軽社という弘前市にある出版社だが、もう一三刷も版を重ねている。

津軽三味線の源流を求めて

物産館の展示コーナーで、私は初めて大條和雄という郷土史家を知った。大條和雄は津軽三味線の元祖仁太坊こと秋元仁太郎を発見して、津軽三味線の源流を解明したのである。仁太坊は安政四年(一八五七)七月七日、金木町一八ヵ村の一つである神原村で生まれた。仁太坊の父は岩木川を往復する舟の渡し守であった。

仁太坊は八歳のときかかった疱瘡で両眼を失明したが、一二、三歳のころ十三湊《とさみなと》に流れ着いた盲目のはぐれ瞽女《ごぜ》から三味線を習った。のちに仁太坊は津軽弁で言う「ボサマ」となった。

大條和雄が仁太坊を知るきっかけになったのは、大宰治が玉川上水で山崎富栄と入水自殺をした昭和二三年六月一九日であった。昭和三年弘前生まれの大條は当時二〇歳の文学青年であった。この青年の父はこの年運送業を開業したので、父の手伝いのために西北津軽に出かけるようになった。

当時、リンゴの出荷は木箱に籾殻《もみがら》を入れる方法であったので、川倉・中里・今泉・車力などの精米所から籾殻を積み、弘前のリンゴ業者に運ぶ。この仕事を「ヌカツケ」と言った。父の仕事を手伝いながら、大條は西北津軽に約六〇人が加入していたボサマ会の存在を知ったのである。それから四〇年経った昭和六三年（一九八八）七月三一日、金木の賽《さい》の河原川倉地蔵尊境内に津軽三味線塚が建立され、この撰文は大條和雄によって起草された。

大條和雄は戦後津軽の文学青年の大半がそうであるように、郷土の先輩太宰治に心酔していた。大條和雄は、大宰が生まれた金木と金木神原仁太坊というボサマは、目に見えない細い糸で結ばれているという自分の直感を信じていた。大宰治は明治四二年の生まれだから大條和雄とは二〇歳の年齢差である。

事実、大宰は昭和二年から四年まで弘前高等学校に在学したが、在学中に義太夫に凝り、義太夫の太棹《ふとざお》の三味線を習っていた。津軽三味線の太棹は義太夫の三味線であった。つまり、津軽ボサマは義太夫の三味線を弾いていたのである。

ところが義太夫の太棹の三味線伴奏で歌うボサマの唄は、幕末江戸で流行した瞽女《ごぜ》歌であった。瞽女の三味線は細棹である。いったいどこで義太夫と瞽女唄とボサマが結びついたのか。この説明は難しくなるので、関心のある読者の皆さんは大條和雄の著作に直接当たって欲しい。

瞽女とは目の不自由な女性が何人か一組になって、村から村へと三味線を弾き、唄を歌って旅をする女芸人のことである。室町時代は鼓《つづみ》を打って生計を立てていた。貴族階級の前で芸をしたので盲御前《めくらごぜん》とも呼ばれていたという。津軽では盲女はみな梓巫女《あずさみこ》、すなわちイタコになる風習があり、盲女の芸人はいなかった。後白河法皇編集の『梁塵秘抄』に収録されている次の歌は巫女の姿を巧みに写している。

金の御嶽にある巫女の　打つ鼓　打ち上げ打ち下ろしおもしろや　われらも参らばや
ていとんとうとも響き鳴れ　打つ鼓　いかに打てばか　この音の絶えせざるらむ（二六五）

自由とアドリブの津軽三味線

江戸時代もっとも発展した日本の音楽は三味線であった。これは盲人による組織当道《とうどう》が、平曲（平家琵琶）、箏曲（琴）・三絃（三味線）を支えてきたからである。大條和雄の三味線が成立するまでの解説を要約すると、次のようになる。

三味線は永禄五年（一五六二）琉球から大坂堺港に伝えられた。三味線の胴は錦蛇《にしきへび》の皮である。そして水牛角・象牙の義爪《ぎそう》でつまびくように弾くのである。この三味線を改良したのが、堺の中小路村の皮革職人であった。蛇皮を猫皮や犬皮へ張り変えたのである。同時に猫皮や犬皮のサイズにあった胴に改造したのである。この三味線を琵琶法師の撥《ばち》で弾いた。

琵琶法師たちがいっせいに三味線を手にするのは、琵琶が各絃の調絃が一定している絶対音高なのに対し、三味線は相対音高で歌い手の声に合わせて調絃ができる利点があったからだと、大條和雄が解説する。江戸の文録年間（一五九四年代）、石村検校が法師歌とも呼ばれる地歌「本手組」七曲を作曲した。

市販の辞書によると地歌とは、「近世の上方で、盲人音楽家が専門的に創作伝承した三味線の総称。組歌・長歌・端唄《はうた》・芝居歌・作物・謡曲（浄瑠璃）・手事物などがあり、組歌以外は琴《こと》と合奏することが多いので琴曲《きんきょく》ともいう。古称は絃曲《げんきょく》、上方唄、京唄、法師歌」とある。

地歌はやがて大坂長歌となり、長歌が江戸に伝えられて江戸長唄となり、歌舞伎と結びついた。いっぽう、門付《かどづ》け芸、大道芸の説教節や祭文や謡曲に三味線が付いて義太夫節が生まれた。

このようにして三味線音楽は義太夫の「語り物」と長唄の「歌いもの」に分かれた。さらに民謡や瞽女歌の伴奏器として発展した。津軽三味線は太棹三味線による激しい叩き撥合奏である。弾き手の誰もが自由にのびのびとアドリブで弾くことができる。言ってみればジャズと同じ原理である。

小泊港で……

津軽安藤氏の史跡を訪ねるのが目的の旅先で、仁太坊や津軽三味線の源流の発見をした大條和雄の本を偶然手に入れたことに私はすこぶる感動した。津軽三味線が盲目の琵琶法師に源流をもつにちがいないというのは私の想定内であったが、長期にわたる克明な調査と研究によって裏付けされた本にタイミングよく遭遇した私は強運であった。

私は食堂で、小泊行きのバスのなかで、小泊漁港の「深海魚」というレストランの片隅で読み続けた。レストランに入ったのは、バスを降りて海上から猛烈に吹きつける小雨交じりの風にカモメが宙返りしながら泣き叫ぶのを見て、帰りのバスのことがとても心配になったからであった。そのレストランも誰一人いない海岸通りを行ったり来たりして見つけるまでかなりの時間が経過したように思えた。

私は大宰の紀行文『津軽』の記念館や、南部氏に追い詰められた津軽安藤氏が蝦夷ヶ島に逃れる際に籠ったという最後の砦を見ることなどすっかり忘れて、このレストランに飛び込んだ。バスが来るまでの時間がまだ大分あるのでレストランで過ごそうと思った。まさに逃鼠《とうそ》説話の「和尚さんと小僧」の小僧の心境であった。

店に入るなり、店のママさんに「道に迷った小僧がようやく見つけた山の中の一軒家に泊めてもらったのはよいが、その家の山姥に食べられそうになって、命からがら和尚さんのところ逃げ帰ったような気持ちだ」と話した。ママさんは笑っていたが、私の伝えようとした「助かった。感謝します」の気持ちをわかってくれたような気がする。

ママさんは私が然るべき帰りのバス停で待っているのかどうか心配になったのだろう。私が店を出てから間もなく、軽自動車で私をゆっくり追い越し、また戻ってきた。互いの視線が合ったので私はママさんに手を振った。私は大雨か強風でもなければ決して宿ることのないような粗末なバス停の小屋で過ごし、午後三時一〇分発のその日の最後のバスに乗った。

時間と空間を超えて

翌朝、風雨はいっそうはげしくなっていた。五所川原駅午前九時発の三両編成の五能線経由秋田駅行リゾートしらかみ号に乗った。私の座った先頭車両には、岩木山が見える側に女性一人、日本海が見える側に私と私の前後の席にそれぞれ一人ずつ、合計四人であった。私が乗った車両はワイドな車窓とゆったりとしたリクライニング・シートの展望車であった。あいにく外は猛烈な風雨で車窓からの景観を楽しむことは諦めなければならなかった。

木造駅あたりから車内が騒然としてきた。後の車両から移動してきた乗客が私の側を通り、進行方向前方の運転室の近くの席に集まっている気配であった。その気配というのは、座席が深々と座れるように設計されているので、中腰にならないと前方が見えなかったからである。また特別な何かトラブルが起こったとは思えなかった。確かに私の耳は聞こえがとても悪くなっているので、周囲の反応に鈍感になっているのは否めない。

突然、三味線の強く響くような音が聞こえてきた。その聞こえてくる方向が前からのなのか、後ろからなのか分からない。補聴器は左の耳に常時つけるようにしているが、両方の耳につけないと方向感覚の機能は逆効果になる場合が多い。ようやく立ち上がってあたりの様子をうかがうと、運転室を背にして半纏《はんてん》姿の年配の男性一人と若い女性二人が津軽三味線をもって、こちらの方を向いて今にも演奏を開始しようとしていた。

事態のなりゆきははっきりした。つまり乗客に津軽三味線の演奏をサービスしようというわけである。私はこのイベントに極めて満足した。なぜなら外の風景は霧と霞のなかで朦朧と流れていく。津軽三味線こそいま私の心境にピッタリに違いないと私は納得したからであった。赤間神社前の黒々と渦巻く海峡、安徳天皇を抱いて海に飛び込んだ二位殿、愛人と玉川上水に入水した太宰、米原駅のホームで見た時速二六〇キロで通過するのぞみ、十三湖の歴史博物館で会った女性スタッフへの思いが走馬灯のように流れていく。

あの歴史博物館の女性に「あなたはエミシの末裔ではありませんか」と冗談めいて尋ねると、「そう思います。私の父も母も、その両親もこの土地の人間です。北の海沿いの村から毎日ここに通っていますが、日本海に沈む夕日は見飽きることはありません」とその女性は語っていた。本当に彼女はエミシの末裔にちがいない。

私はひたすら目を閉じて、津軽三味線の音に身を委ねながら、夕日を眺めるエミシの末裔と言う女性、壇ノ浦の義経、衣川の弁慶、三厩《みんまや》湊に立った伝説の弁慶と義経、入水して果てた安徳天皇と太宰治のことなど、私はいまここで時間と空間を超えて思いをはせる私という人間存在の不思議さに魅了された。

第七章　隅田八幡人物画像鏡——日本国家の起源を求めて

◆はじめに

★

在野の古代史研究家石渡信一郎氏よる一連の著作によって、古代日本は新旧二つの朝鮮渡来集団によって建国されたことがわかった。氏は、この旧と新、すなわち加羅から渡来した先着の集団と後に百済から渡来した集団による国家形成の二重の成り立ちを解明することによって、それまで不明確であった日本古代の全貌を私たちの目の前に展開したのである。

とりわけ、氏の最初の著作『応神陵の被葬者はだれか』は、百済蓋鹵《こうろ》王（在位四五五—四六五）の弟昆支《こんき》が倭国に渡来し、倭の五王「讃・珍・済・興・武」の倭王武として羽曳野《はびきの》市の誉田《ほむた》陵（伝応神陵）に埋葬されていることを立証した本として賞賛にあたいする。

昆支が埋葬された誉田陵は、その西方約一二キロにある堺市の大山古墳（伝仁徳陵）に次ぐ日本最大の古墳である。しかし、石渡氏の本が出版されるまで、この二つの巨大古墳に百済から渡来した二人の王子が埋葬されているなどと、当時、誰が想像できたであろうか。

私は一介の編集者であったが、一九八八年の春、運よく石渡氏と出会い、翌々年の一九九〇年二月、この驚くべき内容の本を出版することができた。以後、私は氏の本を一一冊担当することになった。二〇〇一年六月に刊行した氏の一二冊目の本『百済から渡来した応神天皇』は、最初の本『応神陵の被葬者はだれか』の書名を変えての増補改訂版であったが、そのとき私はすでに経営対労組に株主を巻き込む三つ巴の裁判闘争の渦中にあった。

一九九九年七月下旬休暇を利用した出雲の調査旅行から意気揚揚と帰った私を待ち受けていたのは、突然、退職することになったある年長社員の退職金に関する労使間の交渉であった。この一見あたりまえのような交渉事が、いつ果てるともしれない労使紛争に発展するなどと私はそれまで考えてみてもいなかった。

私は編集者でありながらたった一冊の本も出すことのできないただの人以下になっていた。また、石渡氏の増補改訂版は、私が勤める出版社における私の最後の一冊となった。

★

辛酸、離別、喪失、労苦は人間を鍛え、賢くもし、悪くもする。破壊もあるが再生もある。しかし国家間の侵略と戦争は悲惨だ。国の滅亡は悲惨の極致である。昆支（余昆）の兄蓋鹵王は、四七五年、高句麗の侵略によって殺害され、漢城（ソウル）の百済は滅び、残った王族ははるか南の熊津《ゆうしん》（扶余）に辛うじて都を移した。

これが第一回目の百済の滅亡である。しかし、昆支と弟の余紀は四五八年の兄蓋鹵王（余慶）の申請によって中国南朝の宋から、兄昆支は征虜将軍、弟余紀は冠軍将軍の位を授けられ、二年後の四六〇年に昆支は倭王済のもとに婿入りした。これは高句麗の侵略から生きのびるための百済蓋鹵王のとった最善の選択であった。

★

百済から海を渡って倭国に渡来した昆支と弟余紀は、金剛・生駒山地の西麓、石川と大和川が合流するあたりの河内南部を本拠地とする第一次加羅系渡来集団の崇神王家（倭王済）に身を寄せた。昆支は倭国に渡来した時すでに二〇歳であった。

もとより百済蓋鹵王の下でナンバー2の地位にあった昆支は、百済から大量の移民を受け入れ、河内湖の開拓に獅子奮迅の力を発揮し、「躬《みずか》ら甲冑《かっちゅう》を貫き、山川を跋渉《ばっしょう》」し、その力を全国に知らしめた。

しかし、ついにやってきた四七五年の高句麗侵略による母国百済の崩壊と兄蓋鹵王の死は、昆支と余紀をして母国百済が恒常的におかれている危機的状況に絶えず注意を払わざるをえなくした。当時、昆支は三五歳、弟の余紀は二四歳であった。その三年後の四七八年、倭王武

（昆支）が百済の高句麗から受けた脅威に対して、宋順帝に救援を求めた「高句麗は無道にも百済を侵略・支配をしようとしている」という上表文は、倭王武と母国百済の関係を如実に物語っている。

★

昆支の倭王武としての即位は第一回目の百済崩壊後の四七五年から二年か三年後に実現した。昆支は倭王武として五〇六年まで在位して、昆支の後は弟余紀が五〇七年から五三一年まで在位した。昆支は羽曳野の誉田陵に埋葬され、男弟王こと継体は百舌鳥《もず》の大山古墳（伝仁徳陵）に埋葬された。

私は、昆支の弟余紀は男弟王《をほど》こと継体天皇と同一人物とみる。石渡氏は隅田八幡人物画像鏡銘文の「癸未年八月日十大王年、在男弟王意柴沙加宮時」から、「日十大王」は百済から渡来した昆支すなわち応神天皇のことで、銘文の「男弟王」は『日本書紀』記載の継体天皇こと男《を》大迹《ほど》王であると特定した。

この発見は画期的であった。何故なら、本書の第一章でも述べたように、大正三年（一九一四）九月、考古学者高橋健自が和歌山県橋本市の隅田八幡神社に保存されていた鏡に四八文字の銘文が刻まれていることを学会で発表した。以来、数多くの論争を経て未だその決定的な定説をみない今、現在、上野の国立博物館に国宝として展示されている。

この長年にわたる論争に定説をみないのは、冒頭の「日十大王」が誰か特定できなかったのがその最大の理由であるが、「日十」という名の天皇は『古事記』にも『日本書紀』にもその他のいかなる関係史料にもその名が見つからなかったために、論争は「癸未年」が五〇三年説と四四三年説に大きく分かれたからである。

また、五〇三年説の学者・研究者も男弟王が継体天皇であることを推定はできても、「日十大王」が誰かわからなかったので、男弟王が「弟の王」であることや男弟王には「兄の王」がいること、ましてや応神と継体が兄弟であることなど想像さえできなかった。

石渡氏は私のように四五八年宋から冠軍将軍の位をもらった余紀が継体天皇こと男弟王だと言っているわけではない。従って、氏から「それは違う」と指摘されれば、あらたに特別の根拠が発見されないかぎり、私には証明する力を持ち合わせていない。

しかし、私が継体を余紀かもしれないと思うのは、四世紀から六世紀にかけて倭国の西から朝鮮半島にかけて席捲した巨大氏族紀氏なる集団が『日本書紀』にたびたび登場するが、その氏族の実態は謎に満ちているからである。

「紀氏は大王だった」と発表した日根輝己氏のような在野の研究者もいる。巨大氏族紀氏の謎は、継体天皇における前半生の不可解さに共通している。『記紀』は徹底して昆支こと応神が百済に生まれたことを隠そうとした。

弟余紀こと継体を応神天皇五世の孫とし、その誕生した地を近江国とし、成長した地を母の故郷である越前国高向（現在の福井県坂井市）としたのも、『記紀』は余紀こと継体が百済に生まれたことを隠そうとしたからにほかならない。であれば紀氏は余紀こと大王継体後の後裔氏族と考えてもおかしくはないからである。

★

本書は隅田八幡人物画像鏡がいかに解読され、どのように論争され、鏡がいつごろ和歌山県橋本市の隅田八幡神社に伝わったのか探索したものであるが、自信をもって成功したと言えるものではない。

隅田八幡神社は、貞観元年（八五九）空海の弟子、紀氏を出自とする行教によって勧請《かんじょう》（神仏の分身・分霊を他の地に移して祭ること）された宇佐八幡宮の分社石清水八幡宮のそのまた分社である。その本宮の宇佐八幡神社は応神天皇を祭神とする。八幡神社はいまなお全国に五万社近くあるが、その半数は応神天皇を祭神とする。

その応神天皇が百済から渡来した王子昆支であることは、昆支が誉田陵《ほむた》（伝応神陵）に埋葬されていることや、その誉田陵の築造年代が五〇〇年前後であると推定されていること、そしてワカタケル大王こと欽明天皇が五六〇年ごろから昆支を始祖王八幡神として祀ったことからも明らかである。

宇佐八幡宮→石清水八幡宮→橋本の隅田八幡社の流れから、鏡の隅田八幡神社への伝来は何ら不自然ではない。しかし、百済武寧王が叔父の男弟王（継体天皇）に鏡を贈った癸未年（五〇三）から隅田八幡神社に納まるまでの時間は、その間の歴史的事件を考慮にいれると想像に絶する時間だ。

はたして鏡はストレートに伝来したのか、いったん埋葬された鏡がふたたび地上に現われたのち誰かの手によって隅田八幡神社に納まったのか、すなわち伝来なのか埋葬なのか、その決定的な証拠が発見されないかぎり想像するしか方法がないのであるが、その根底には八幡神＝応神天皇という目に見えない導きの糸が結ばれていると私には思われる。

★

『古事記』も『日本書紀』もアマテラスを皇祖神とする万世一系天皇の物語を最大のテーマとする。従って、天皇家の始祖王が、天武・持統天皇の遺志をうけた「記紀」といえども、天皇家の始祖王昆支が百済に生まれて倭国の王になったことがわかるような書き方をすることは絶対のタブーである。それゆえ、『宋書』宋書倭国伝に記された倭の五王「讃・珍・済・興・武」のことは完全に隠蔽されたのである。

百済は四七五年高句麗の侵略によって滅び、再度、一八五年後の六六一年、唐と新羅の連合軍によって滅亡した。二度目の滅亡は、高句麗からの侵略による崩壊と異なって、東アジアの政治システムを根幹から変える唐・新羅連合軍による侵略によるものであった。

天智政権による国家存亡をかけた白村江の戦いにもかかわらず、天皇家は完全に帰るべき母国を失った。言うなれば、天皇家は故郷喪失者であった。母国を喪失したからこそ、アマテラスを皇祖神とする万世一系天皇の神話を創りあげなければならなかったのである。『古事記』が天武天皇の志によって成ったと信じていた本居宣長は、『古事記伝』の研究にその後半生をささげながら、「神代から今に至り、和歌は言うまでもなく、伊勢源氏その外あゆる物語が、あわれの一言にてこれを弊ふべし」と「物のあはれを知る心」を日本人のアイデンティとした。そしてヤマトタケルの望郷の歌もその通例にもれないとした。

しかし、ヤマトタケルは倭の五王「讃・珍・済・興・武」の倭武《やまとたける》こと百済から渡来した昆支をシンボライズした悲劇の主人公である。「物のあはれを知る心」は天皇家のアイデンティであったとしても、宣長が考えるような日本人の本質ではない。

天皇家の始祖王昆支の母国は百済であり、母国百済は敗北と離散と流浪のはてに歴史上から潰えた国である。「物の哀れを知る心」が古《いにしえ》から現在までいかなる「あわれ」の解釈がされようと、これほどにあわれを誘う話はない。

天皇家の祖先がいかに辛酸、離別、喪失、労苦を経て倭国に渡来したかは、『日本書紀』神武天皇三一年（紀元前六三〇）四月、神武が御所の腋上《わきがみ》で発した歓喜の言葉を知れば、納得できるはずである。神武は『日本書紀』が創作した建国者を象徴する架空の初代天皇であるが、ここには辛酸を舐めた末に倭国という地にたどり着いた建国者の歓喜と安堵感が鳥瞰図として描かれている。

「ああ、なんと美しい国を得たことよ。内木綿《うつゆう》の本当に狭い国ではあるが、あたかも蜻蛉《あきず》が交尾している形のようでもあるよ」と言った。これによって秋津洲《あきづしま》という名が生じたのである。昔、伊耶那岐尊がこの国を名付けて、「日本《やまと》は浦安の国、細戈《くわしほこ》の千足《ちだ》る国、磯輪上《しわのかみ》の秀真国《ほつまこく》」と言った。また大己貴大神《おおあなむち》は名付けて「玉牆《たまがき》の内つ国」と言った。饒速日《にぎはやひ》命は、天磐船《あまのいわふね》に乗って虚空《あおぞら》を飛翔して、この国を見下ろして天降ったので、名付けて、「虚空見《そらみ》日本の国」と言った。

★

本書では、あえて本居宣長が指摘する「物の哀れを知る心」は、渡来者天皇家のアイデンティティではあっても、日本人の本質ではありえないという想定のもとに史実を追求した。「喪失」が、古今東西、優れた詩・物語・文学のモチーフになることは認めるとしても、「存在と無」は、人間が生きているかぎりすべての人間に付きまとう認識と認識論における哲学的テーマである。

天皇家の祖先が喪失と流浪と辛酸の旅の末、倭国に国家を建設したことは認めるにしても、アマテラスを皇祖神とする万世一系の物語を歴史として認めることにはならない。何故なら、鴨緑江に本拠おいた夫余・高句麗系族を出自する天皇家は、激動の五胡十六国時代の最中、倭国に渡来したのである。この体験と史実は彼等が創ったアマテラスを皇祖神とし、神武を初代天皇とする万世一系天皇の歴史とは、正反対の世界であるからである。

◆おわりに

本書の執筆過程で、私は一人の郷土史家と知り合いになった。今現在、和歌山県橋本市妻に住んでいるその人の名は守岡宣行という。生地亀三郎の『国宝人物画像鏡の出土地「妻の古墳」の研究』のコピーを私に送ってくれた人である。守岡氏については、第二章の「妻村の伝承」で紹介した。

しかし私にとっては、本書構想の根底となる部分でまだ言い足りていないところがあるので、この点については守岡宣行さんの承諾の上で述べさせてもらうことにする。私が依頼してから一週間ほどで、生地亀三郎の手書きの冊子「国宝人物画像鏡の出土地妻古墳の研究」が私のもとに届いた。その時、コピーと一緒にもう一つの冊子が同封されていた。言い伝えていないというのは、この冊子のことである。

その冊子のタイトルは『妻の古墳』という。それは守岡氏自身が執筆したA４判二段組で二〇頁ほどのものであったが、この冊子を私が手にとって目に飛び込んできたのは、「彩流社」

「蘇鎮轍」という文字であった。

私が驚いたのは、参考文献のなかに二点も彩流社発行の本が入っているのもそうだが、蘇鎮轍氏の『金石文に見る百済武寧王の世界』は、七年前、私が出版社を紹介し、編集を手伝った忘れもしない思い出の本だったからである。この本は昨年、増補改訂して『海洋大国百済』という書名で彩流社から再版された。

蘇鎮轍氏の兄蘇鎮巨氏は上智大学で韓国語を教えていたが、池袋のサンシャインで市民向けの韓国語講座で上級クラスの講師をしていた。私は当初、いち早く上級に進むべき一年分の教材を、辞書を引きながらではあったが二ヶ月で読了するほどの意気込みであった。

しかし、講師が蘇鎮巨氏に代わってしばらくして、何故か、氏と私は忌憚なく物を言える間柄になった。その度合いが深まるにしたがって私の韓国語習得の方が疎かになってしまった。熱心のあまり一番前の机に坐っていたにもかかわらずそれがかえって良くなかったのかもしれない。

それにしても、私たちの関係は、最初からあたかも兄と弟のような関係になったのは不思議である。おそらく蘇鎮巨氏は外国人特有の孤独感と人懐っこさを兼ね備えていたからかもしれない。氏は日本語がとても上手なうえに英語も得意でピアノを引くジェントルマンであった。

氏の口からは漢詩・論語などポンポン飛び出し、日本の地名を熟知しているばかりか、自身日本語の研究家を自任していたが、氏が会話のなかに垣間見せる古い体質を私に指摘されても鷹揚に対応するゆとりがあった。とにかく風呂好きで温泉に行きたいといつも言っていたが、実際に行った話は聞いたことはない。

私の韓国語習得の動機は、ただ百済武寧王陵を見学するためのものであったが、上級コースに進む前のことだが、たまたま私のクラスのなかに韓国の高校と交流関係を結んでいる都内の高校に勤務している歴史の先生がいて、その先生が私のために武寧王の見学を中心にした韓国旅行のスケジュールを作ってくれたばかりか、当地のガイドまで紹介してくれた。若干のトラブルはあったが、私は妻や娘と一緒にソウル・公州・夫余・慶州の一週間の旅行を無事敢行したのであった。

ハングル学習の感想を言うならば、漢字をもっと多く混用してもらいたいと思う一方、なぜ韓民族はかくもかたくなまでもハングル使用を徹底したのかその秘密を知りたいと思い、後日、蘇鎮巨氏に執拗に問い質したことがあるが、納得がいく解答は得られなかったように思う。

蘇鎮巨氏と交際するようになってからしばらくして、氏から「弟だ。外交官をやっていたが、いまは圓光大学の教授だ。武寧王の研究をしているが、本を出したいと言っている」と蘇鎮轍氏を紹介された。当時、蘇鎮轍氏は年に二、三度は来日していた。蘇鎮轍氏を紹介されてからは、氏の来日のたびに、三人は池袋のメトロポリタンホテルのロビーで歓談した。

蘇鎮巨氏はホテルメトロポリタンから歩いて数分の山の手線沿いにあるアパートに一人住まいをしていたので、待ち合わせする場所としてはメトロポリタンのロビーは最適であったし、こうした関係から蘇鎮轍氏の本が、私の最初の本『馬子の墓』の彩流社から出版されるのは自然の成り行きであった。しかし、私と蘇鎮巨氏との関係はいっそう友好的かつ信頼に満ちた中、蘇鎮巨氏は持病の心臓疾患からくる病のため一昨年急死した。

以上のようなことを、私は守岡宣行氏に話もしなかったし、守岡氏も知るはずもなかった。守岡さんの冊子でもう一つ驚いたのは、その研究内容である。それは本人が言うように未完成のものではあったが、とても示唆に富むものに私には思えた。

守岡氏の調査研究は、隅田八幡鏡が天保三年（一八三二）の頃、瓦製造のための粘土を採掘中に見つかったという村の伝承についての生地亀三郎の聴き取り調査を継承したものであった。伝承によると妻には大きな古墳があったという。しかしいま妻には古墳らしき陰も姿もない。

守岡氏の疑問は、生地亀三郎の聴き取り調査記録には、肝心の古墳に関する言及がなかったことである。副葬品が出土するためには、古墳がなければならない。偶然、発見されたものであれ、石棺の材料となっている石材や副葬品の状況など古墳にまつわる何かしらの記録があって普通である。

しかし、当然、記録されていいはずのことが何も書かれていないというのは、伝承でいう「東の森」には古墳がなかったのではないか。ことによると、古墳は「東の森」の近くではあるが、別のところにあったのではないかという守岡氏の素朴な疑問であった。

守岡氏の調査研究は、まさにこの巨大古墳を特定することにあった。妻周辺について裏付ける史料を欠く現在、唯一頼るべきなのは、妻地区の伝承や地形・地割線・畦筋、「道路に附属する地割区画痕」などである。したがって、この探索作業は現在進行中であり、巨大古墳の被葬者を想定するまでは至っていない。

だからといって、守岡氏は妻に巨大古墳があったと信じてただむやみに探し続けてきたわけではない。その被葬者が誰かはおおよその見当をつけ、妻古墳所在地の詳細な想定図を六枚前後まで作成している。

二〇〇八年二月一四日、守岡さんの案内で「妻古墳所在地の想定地図」をもって、半日費やして妻の周辺を回った。古来数々の戦場ともなった妻地区は、いまや大阪の通勤圏内に入っている。狭い路地に密集する昔ながらのおもかげを残す家並に、高層マンションも混在する町に変容している。

郷土に在住する人間にとっては、かりに薄い冊子のような本でも、地図を添付して説明しなければならないなかば学術的な本の出版は、周囲に住む住民との関係からも難しい問題なのだろう。守岡さんが、私の再三の出版の勧めに極めて慎重であるのも、わからないわけではない。最近、「妻の古墳」の改訂版を送ってもらったが、探索はより深化した分、全体が難解になった。私はふたたび、私の『隈田八幡鏡』が出るまで雑誌でもいいから発表するよう懇願したが、返事は同じであった。「郷に入っては郷に従え」の諺に従い、私は守岡さんに無理強いすることは止め、次のような話をして互いに了解事項としたのである。

「守岡さんの冊子『妻の古墳』は、とても示唆的です。私は「あとがき」を書く段階になっても鏡が、古来、隅田八幡神社に伝世したのか、古墳から出土して隅田八幡神社に納められたのか決めかねています。しかし、この問題は誰にとっても難解ですが、守岡さんが妻古墳の被葬者は継体の子宣化天皇だと想定していることは、私にとって最大の魅力です。妻の古墳の特定は時間がかかるにしても、妻の古墳に埋葬された人物は宣化天皇の可能性があると守岡さんが想定していることを、読者のためにも私の本の〝あとがき〟に書いてよろしいですね」と私。
「宣化天皇だと断定した書き方でなければ、結構です。妻の地はもともと坂上氏が多く住んでいたところです。『日本書紀』に宣化天皇は檜隈廬入野宮《ひのくまのいほりのみや》で死んだとあります。また、坂上氏は応神紀に書かれている倭漢《やまとのあや》の祖阿知使主《あちのおみ》、其の子の都加使主《つかのおみ》、並びに自分の一族一七県を率いて檜隈に住んだというその倭漢の末裔です。宣化が身狭桃花鳥坂上陵《むさのつきさかのへのみささぎ》に埋葬されたというのは虚構です。宣化は殺害されたのですから、畿内のど真中に埋蔵されるはずはないのです。坂上氏一族のものが、この妻の地に宣化を埋葬したと考えてもおかしくはないのです」と守岡氏。

継体天皇二五年（五三一）の継体崩御の割注に〈「日本の天皇と太子・皇子は共に薨去された」という。これによると、辛亥の歳は二五年に当れり。後に勘合する者が明らかにするであろう〉と記されている。本書で私は、ワカタケル大王こと欽明天皇による辛亥のクーデタによって、継体天皇死去の時、安閑・宣化とその皇子皇女は殺害されたとする見解をとっている。であれば、武寧王から男弟王こと継体天皇に贈られた「癸未年鏡」（隅田八幡鏡）は、継体天皇から子の安閑・宣化に渡された可能性もあると考えた。

即位しなかった宣化を即位したかのように偽装した『日本書紀』に、「剣と鏡を奉った」という稀有な記事もある。ちなみに宣化天皇二年一二月条に、勾大兄広国排武金日《まがりのおおえひろくにおしたけかなひ》天皇（安閑天皇）は崩御され、後継がなかった。群臣は、武小広国排盾《たけおひろくにおしたて》尊を剣・鏡を奉って、天皇に即位させた、とある。であれば「癸未年鏡」は兄の安閑より弟の宣化に渡った可能性が高い。そしてその宣化が突然の状況変化によって妻の古墳に埋葬されたとすれば、その「癸未年鏡」は隈田八幡神社に納まったとしてもおかしくないという考えに結びつく。しかし、これはたしかに我田引水、牽強付会の類と言われることは間違いない。

しかし、この破天荒の考えはあくまでも多くの可能性の一つであることを筆者も十分承知している。宇佐八幡宮→石清水八幡宮→隈田八幡宮の流れからも、その根底には昆支こと応神＝八幡神が介在しているとすれば、神人など鏡の管理人を通じて鏡は古来、八幡神社に伝世したこともありうるのだ。

これらの事柄については「まえがき」でも述べているし、二章「八幡神」で詳細に論じているので参照していただきたい。いずれにしても、隅田八幡鏡銘文の読解はほぼ完全に成功しているのだから、もう一度、鏡が伝世であったのか、埋葬であったのか、橋本に近い吉野や高野山に本拠をおいた空海や後醍醐天皇の中世まで歴史を繰り下げて探索するのも面白いと筆者は思う。

おわりに

本書『隠された日本古代史』の「はじめに」にも書きましたが、『隅田八幡鏡』を出版したのは二〇〇九年（平成九）の三月です。その一ヵ月後の四月河出書房新社から『応神＝ヤマトタケルは朝鮮人だった』を出版しました。タイトルの「朝鮮人」がネット上で炎上しましたが、重版に至りませんでした。おそらく韓国・北朝鮮と日本の歴史観の相違・葛藤が大きく影響したのでしょう。

ところで隅田八幡人物画像鏡ですが、一在野の古代史研究者である石渡信一郎は画像鏡に刻まれた四八文字からなる銘文を解読し、「癸未《きび》年」を五〇三年、「日十大王」を昆支（百済王子）、日本書紀記載の男弟王を継体天皇とし、鏡を贈った斯麻《しま》を百済武寧王（昆支の子）と特定し、「日本古代国家は朝鮮半島から渡来した新旧二つの渡来集団によって建国された」ことを明らかにしました。

石渡信一郎がこの驚くべき史実を公表したのは一九九〇年六月に出版した『応神陵の被葬者はだれか』です。この本は一〇年後の二〇〇一年に『百済から渡来した応神天皇』と改題、『蘇我大王家と飛鳥』と同時に出版されました。

『蘇我大王家と飛鳥』は「もはや石渡説をベースにしないで日本の新しい歴史観を作り上げることができない！」というキャッチフレーズで発売されました。石渡信一郎氏はこの本の「おわりに」で次のように書いています。

現在、奈良県桜井市の箸墓古墳（墳丘長二七六メートル。前方後円墳）を三世紀の邪馬台国の墓としている。すなわち邪馬台国大和説が学界の通説となっている。だが、箸墓古墳のような大古墳の造営は、多くの労働力を必要とするので、古代国家が生まれて初めて可能なことである。しかも、箸墓古墳が造営された時期には、多くの古墳が奈良盆地始め、西日本に造られている。これは西日本に古代国家が誕生したためである。

そこで、箸墓古墳の被葬者を卑弥呼とすると、三世紀に西日本に古代国家が生まれたことになるが、朝鮮半島南部に百済・新羅などの古代国家が誕生するのは四世紀中頃であるから、日本列島には朝鮮半島南部より一世紀はやく古代国家が生まれたことになってしまうのである。弥生文化と古墳文化は朝鮮半島から伝えたられたのだから、このようなことは決してあり得ない。

ところが日本の考古学者の大部分は、この荒唐無稽な邪馬台国大和説を支持している。これは、彼らが時代遅れのナショナリズムに冒されており、韓国・朝鮮より早く古代国家が日本に成立したと主張したがっているためである。

参考資料として次に掲載した匿名むらかみからむ氏の記事は、河出書房新社から二〇〇九年三月出版した『応神＝ヤマトタケルは朝鮮人だった』（二〇〇九年四月刊）がネットで炎上した頃ネットに投降されたと推測することができます。

なぜなら「石渡信一郎（教授）＆林順治（先生）を応援しましょう――日本史教科書　書きかえよう　むらかみからむ」のキャプションの次に「四〇　ヒロシマ」「10/12/11」と記入されているからです。この記事は広島市に在住の年齢四〇歳の匿名むらかみからむ氏が二〇一〇年一二月一一日投降したことを意味しています。

この匿名記事と直接関係あるかどうか断定はできませんが、「ネット上の炎上」のちょうど半年前の夏ごろ、私は京都市在住のある青年から石渡説についての問い合わせの手紙をもらいました。その手紙には電話番号が記されていたので私はその青年に電話をしましたが、その時は不在でした。

翌朝の二度目の電話でその青年は極めて古代史に関心をもっている様子であったので『応神陵の被葬者はだれか』と『アマテラス誕生』など、三、四冊手許の本を贈呈し、とにかく応神陵や仁徳陵、石舞台古墳など見るように強く勧めました。

その後の二、三回の電話のやり取りで彼が染色関係の仕事に携わり、妻帯者であり、二人の子どもがいることも知りました。数週間後のことですが、青年から飛鳥の古墳巡りをして感激したというような内容の手紙と私が贈呈したはずの本の代金として数千円を受取りました。

それが書留封筒なのか単なる封筒だったのか、青年との関係資料や当時の手帳も紛失してしまったので青年の所在を調べようもありません。したがってこの青年が匿名むらかみ氏であるかどうかはわからないのです。手掛かりになるのは「10/12/11」の匿名記事です。驚くべきことに石渡信一郎の命題「日本古代国家は朝鮮半島から渡来した新旧二つの渡来集団によって建国された」をほぼ完璧に理解していることです。加えてすこぶるユーモアがあります。「センター試験」「アマテラスさんの子孫でいいのですよね　愛子様」「人間ギャートルズ」（園山俊二による日本の漫画作品）などから、匿名氏がセンター試験世代のいわゆる七〇年代のアニメ世代でなければでない言葉です。センター試験が初めて行われたのは一九九〇年（平成二年）です。

であれば匿名のむらかみからむ氏が『応神＝ヤマトタケルは朝鮮人だった』がネットで炎上した二〇〇九年の四〇歳前後に記事を投降したと推定することができます。するとセンター試験開始時の高三（一八歳）にほぼピッタリ適合します。ちなみに「愛子様」の誕生日は二〇〇一年一二月一日です。

かつて石渡信一郎氏は自分の説が理解されるには一〇〇年かかるだろうと言っていました。しかし、匿名むらかみ氏はほとんど一〇〇％とまではいかないとしても九〇％石渡説を理解しているとみてもおかしくありません。論より証拠、むらかみからむ氏の記事をご覧いただきたい。

私が石渡説を理解したのは『応神陵の被葬者はだれか』の原稿を入手した一九八九年（昭和六四）の昭和天皇が亡くなった年です。天皇はこの年の一月七日に亡くなり、平成は一九八九年一月八日から始まることになります。

匿名むらかみからむ氏は林順治の著作『アマテラス誕生』（二〇〇六年六月刊行）を図書館で読んで「日本古代史の真実」を知ったと書いています。書き手としてこれほどの励ましの言葉はあるでしょうか！　いやありません。私は匿名むらかみ氏の記事にはげまされながら現在に至っています。声を大にして〝匿名のむらかみからむさん、ありがとう。やっと石渡説を普及するべく後継者が現れた〟と。

二〇二〇年五月末日

林　順治

歴　史

242057　石渡信一郎（教授）＆林順治（先生）を応援しましょう
——日本史教科書　書きかえよう

むらかみからむ　（40　ひろしま）　10/12/11 PM09　【印刷用へ】

どうしていまの古代日本史の大学の先生は物語古事記＆日本書紀を信じるのでしょうか？　たしかに記紀読むとおもしろいですよね。

ボクもほんとのことだったらいいなあなんて憧れたこともあったですよ。しかし、それは所詮人の書いた物語だからおもしろいのですよね。で、麻痺させられますね。

でも、物語を真実だと思うことはおかしい。現代でもたかが100年前のことでさへ分かったものじゃない。自分のじいさんのじいさんのじいさん、名前言える人、愛子様だけでしょ。

七〇〇年ごろに六〇〇年のことがわかるわけがない。ましてや四、五世紀のことなんて、いくらでもぶっ飛んで、そして架空の人物やできごと、なんぼでも創造できるよね……。

三世紀の日本はきっとまだ卑弥呼や豊与さまをふくめ、はじめ人間ギャートルズの世界だったに違いない。

四世紀もくれになって初めて支配者がまず南加羅からやってきた。箸墓ははじめに半島からきて奈良県を支配した大王崇神サンの墓だったのですね。卑弥呼の墓であるはずがない。

そして記紀では重要視されていないけれど尾張も物部や息長もあなどれないですね。この人たちは崇神様のなかまで、きっと五世紀を支配していたのでしょう。

五世紀の倭の五王さんたちはその崇神王朝そのものだったのですね。で、応神こと昆支さんはその王朝に百済からきてムコ入りした、愛子様のご先祖だったのですね。この推理は凄い……。

そのお母さん神功皇后は日本史のなかで僕の大好きなヒロインでしたが、架空の人物。

卑弥呼や豊与との関係疑ってたのに、何の関係もなく本当に残念です。……で、さらにわかたけるなんてかっこいいので、ヒーローだった雄略さまも架空の人物でした。考えてみれば大悪党ブレッがいそうになのに、そのじいさんユウリャクもいないよなあ。

六世紀の初期の大山古墳はその昆支さんの弟継体の墓。これで記紀の言う五世紀の河内王朝一〇人天皇ぶっとびました。そして彼もまた崇神王朝へムコ入りしていたなんて。

そして、その兄弟のあととり合戦が六、七世紀の間極めておもしろく続行されたなんて。鋭どすぎる推理にしびれてしびれて、なかなかついていけません。

欽明天皇ははじめ日本書紀読んだときあんまりおもしろくなく、重要人物でなかったけど、昆支の子供だったとは。だからその子供が大王多いわけですね。

ところで昔の最高札（＝一万円札）なんだったのでしょうかね？　聖徳太子は馬子大王で、そしてアメノタリシヒコで応神の孫だったのですね。彼が隠れたヒーローだ。

ボクは小学校の修学旅行で法隆寺でしたが、校長先生は嘘を教えてくれていたんですよね。悲しいですよ。聖徳太子だったんだ。で、貝タコ姫こそ日本史のヒーローだ。

でで、七世紀中大兄王子はそのご先祖の兄弟のあととり合戦で最終勝利者だったのですね。しかも、その兄さんが天武天皇だったなんて。いいですねえ。楽しいですよね。感動しますよね。

そして、以上の事実を物語記紀のなかから、極めて論理的に推理され、拾い上げた探偵さんこそ石渡信一郎教授です。異端児あつかいはそれこそ日本古代史学会の不幸です。石渡教授は真の歴史研究者です。飛鳥はアスカラ（大東加羅）のラが落ちたものだなんて。すじが通ってます！　極上の推理ですよね。在野の歴史家ではもったいない！　石渡教授はもうお年みたいですね。東大か京大は石渡教授を古代史の教授にただちに推挙すべきです。

税金でお勉強している国立大学の古代史研究の先生は今からでも遅くはありません。自家出版された先生の本『日本古代王朝の成立と百済』をすぐに購入され、よく読まれその本を学生にも購入させ石渡学説を中心にして講義すべきです。どうして古代史学会（本当はすぐに解散すべきですが）が先生の説と向き合おうとしないのでしょうか？

センター試験で日本史選択した自分が悲しいです。真実でないことをマークシートして大学入試で通る国は日本の国立大学だけでしょうね。税金の無駄使いです。

山川出版の日本史の教科書好きだったんですけどね。本当に悲しいです。三世紀から八世紀の内容を書き直せ。創作作文はもういいですよ……。

でで、以上のことを普及に務めておられる林順治先生も偉大です。『アマテラス誕生』を図書館で読んでよかった。読んでいなかったら僕は麻痺したままでウソを信じたままでしたから。

関さん森さん石黒さんの歴史本もおもしろいですが、石渡&林コンビのほうが絶対に楽しい。それは理論的な推理を伴った頭を使う真実追究だから、あまりに天才的な発見であり、最初はなにをいっているのか、こんがらがってわけがわからなかった。ウソつけ、変な人たちだなあと思いましたよ。無理もないですね。最初に記紀という創造作文を読んで麻痺させられているから。

で、マスコミももっともっと先生たちの説をみんなに紹介すべきです。先生の説が真実であればあるほど天皇さんの価値は上がります。

記紀はそれはそれで物語としては極めて価値のあるものです。そして、事実をまげて創作作文し広めることができたのは征服者王様すなわち天皇様だけだからです。だからアマテラスさんの子孫でいいのですよね、愛子様。

で、日本語は半島からきた言葉だったのですね。われわれの先祖は一六〇〇年前に民族移動をした大陸から来た人たちだったのですね。日本民族はゲルマン民族と同じ行動をしたのですね。

四〇代が実は一六代程度だった。それでもそれはそれでいいじゃないですか。ねえ愛子様。じいさんのじいさんのじいさんのほんとうのことを知りたいよね!!!

古代史は真実を追求するおもしろい学問ですよね。創造作文して書き直した人たちがいたのですから、また書き直されて当然です。みなさん真実を追求する林先生&石割教授を応援しましょう。

〔著者紹介〕

林　順治（はやし・じゅんじ）

旧姓福岡。1940年東京生れ。東京空襲の1年前の1944年、父母の郷里秋田県横手市雄物川町深井（旧平鹿郡福地村深井）に移住。県立横手高校から早稲田大学露文科に進学するも中退。1972年三一書房に入社。取締役編集部長を経て2006年3月退社。

著書に『馬子の墓』『義経紀行』『漱石の時代』『ヒロシマ』『アマテラス誕生』『武蔵坊弁慶』『隅田八幡鏡』『アマテラスの正体』『天皇象徴の日本と＜私＞1940-2009』『八幡神の正体』『古代七つの金石文』『法隆寺の正体』『日本古代国家の秘密』『ヒトラーはなぜユダヤ人を憎悪したか』『「猫」と「坊っちゃん」と漱石の言葉』『日本古代史問答法』『エミシはなぜ天皇に差別されたか』『沖縄！』『蘇我王朝の正体』『日本古代国家と天皇の起源』（いずれも彩流社）。『応神＝ヤマトタケルは朝鮮人だった』『仁徳陵の被葬者は継体天皇だ』（河出書房新社）『日本人の正体』（三五館）『漱石の秘密』『あっぱれ啄木』（論創社）『日本古代史集中講義』『「日本書紀」集中講義』『干支一運６０年の天皇紀』『天皇象徴の起源と＜私＞の哲学』『改訂版・八幡神の正体』『日本古代史の正体』『天武天皇の正体』『日本書紀と古事記』『天皇の系譜と三種の神器』（えにし書房）。

隠《かく》された日本古代史《にほんこだいし》——存在《そんざい》の故郷《こきょう》を求《もと》めて

2022年10月15日　初版第1刷発行　　　定価はカバーに表示してあります

著　者　林　順　治

発行者　河　野　和　憲

発行所　株式会社　彩流社

〒101-0051　東京都千代田区神田神保町3-10　大行ビル6F

電話　03 (3234) 5931　FAX　03 (3234) 5932

http://www.sairyusha.co.jp

印刷・製本　㈱丸井工文社

装幀　小林厚子

落丁本・乱丁本はお取替えいたします　　ISBN978-4-7791-2858-5 C0021

日本古代国家と天皇の起源

978-4-7791-2264-4 C0021(16・10)

運命の鏡 隅田八幡鏡は物語る　林　順治　著

天皇家の二つの始祖神＝アマテラスと八幡神。その誕生や成り立ちは大きく異なる！　アマテラスを祖とし神武を初代天皇とする万世一系天皇の物語を検証し、日本古代国家が新旧二つの渡来集団（加羅系と百済系）によって建国されたことを明かす。　四六判並製　2,500 円＋税

エミシはなぜ天皇に差別されたか

978-4-7791-2228-6 C0021(16・04)

前九年の役と後三年の役　林　順治　著

古代日本国家成立＝天皇の歴史（朝鮮渡来集団による国家の建設）が天皇家による先住民エミシへの領土侵略と支配なくしてありえなかったするならば、古代・中世における通説の東北の"辺境の民"論を大きく修正しなければならない。　四六判上製　1,800 円＋税

諏訪神社 七つの謎

978-4-7791-2152-4 C0021(15・08)

古代史の扉を開く　皆神山　すさ 著

諏訪神社の総本社である諏訪大社は古くから謎の多い神社である。縄文遺跡に囲まれ、精霊信仰を取り込んだ独自のミシャグチ信仰や狩猟の神、軍神、風の神という多様な貌を持つ諏訪明神……。それらを検証しながら諏訪信仰の本質に迫る。　四六判並製　2,500 円＋税

古墳が語る古代史の「虚」

978-4-7791-1914-9 C0021 (13. 07)

呪縛された歴史学　相原精次著

全国に散在している多くの古墳の詳しい発掘調査が行われないのはなぜか。「古墳といえば前方後円墳 ＝ 大和」というイメージの強さが、何かを見落とさせているのでは？「古墳時代」という言葉で隠された墳墓研究の史的実態に迫る。　四六判並製　2,500 円＋税

沖　縄！

978-4-7791-2264-4
C0021(16・10)

ウチナンチューはいつから日本人になったのか　林　順治　著

沖縄の起源と歴史を問う！　著者〝古代日本国家の成立を知る三部作〟の最終巻！　沖縄の起源

ヒトラーはなぜユダヤ人を憎悪したか

978-4-7791-2060-2 C0022(14. 11)

『わが闘争』と『アンネの日記』　林　順治　著

ヒトラーとアンネ・フランクは恐怖と絶望のアウシュヴィッツ絶滅収容所で結びつく。ヒトラーとナチの歩みを追いながら、アウシュヴィッツへの道程に潜む本質に迫る。『わが闘争』に語られた幼年期やウィーン時代の生き様に「神経症」の病理を見る。四六判上製　2,700 円＋税

隅田八幡鏡

978-4-7791-1427-4 C0021(09・04)

日本国家の起源をもとめて　林　順治　著

謎の文字「日十（ソカ）」大王に始まる国宝「人物画像鏡銘文」の48字に秘められた驚くべき日本古代史の全貌！銘文はどのように解読されたか？　邪馬台国はどこか？　万世一系天皇の神話とは？　誰が石舞台古墳を暴いたか？　品切れ　電子版 有り

古代 七つの金石文

978-4-7791-1936-1 C0021(13. 09)

日本古代成立の正体を知る　林　順治　著

偶然に見つかって奇跡的に出土した七つの金石文。そのメッセージの読み方で古代史像は大きく変わる。"似たる共通の運命をもつ七つの金石文"を一連のつながりの物語として読み解くことで、日本古代史の驚くべき秘密が明らかされる。　四六判上製　2,000+税

日本古代国家の秘密

978-4-7791-2174-6 C0021(15・10)

隠された新旧二つの朝鮮渡来集団　林　順治　著

だれが日本をつくったのか?!　通説とは異なる日本誕生の真相！「記紀」編纂の総責任者藤原不比等は、加羅から渡来した崇神・垂仁＋倭の五王と百済から渡来した兄弟王子（昆支と余紀）を秘密にした。そのカモフラージュを暴く。　四六判上製　1,800円＋税

アマテラスの正体

978-4-7791-2022-0 C0021(14. 06)

伊勢神宮はいつ創られたか　林　順治　著

アマテラスは、日の神と呼ばれ、六世の孫を人にして神、神にして人の初代天皇神武として即位させた。万世一系天皇の物語『古事記』と『日本書紀』の神代女神アマテラスはいかに生まれたか？　その秘密と史実を明らかにする。　四六判上製　2,500円＋税

蘇我王朝の正体

9978-4-7791-2642-0 C0022(19・12)

大王馬子・蝦夷・入鹿を語る　林　順治　著

明日香＝飛鳥の地が蘇我王朝の居城だった！　百済の蓋鹵王の弟昆支(応神、倭王武)と弟の余紀(継体)は大和川と石川の合流点の羽曳野に本拠を置く加羅系の倭の五王済のもとに婿入りした。大山古墳(伝仁徳陵)、誉田陵(伝応神陵)の被葬者の正体は？　四六判並製　1,800円＋税

法隆寺の正体

978-4-7791-1964-4 C0021(13・12)

もし聖徳太子が仏教王蘇我馬子であるならば　林　順治　著

聖徳太子は実在したか？　現法隆寺は推古時代に建立されたのか、それとも天武天皇のころか？　聖徳太子が"大王蘇我馬子"の分身だとすれば、誰が虚構の聖徳太子をつくったのか？1300年余の法隆寺と聖徳太子の秘密のヴェールを剥ぐ。　四六判上製　2,300円

馬子の墓

978-4-88202-703-4 C0021(01・03)

誰が石舞台古墳を暴いたのか　　林　順治　著

天皇家の隠されたルーツを明らかにする話題作。日本人単一民族説を根底から覆しアイヌ系蝦夷の存在を明るみに出した石渡信一郎の驚くべき発見を辿り、新旧二つの朝鮮渡来集団による日本古代王朝成立の史実を明らかにする新歴史紀行。　品切れ　電子版 有り

義経紀行

978-4-88202-771-3 C0021(02・10)

弁慶はエミシの末裔だった　　林　順治　著

天皇家・藤原摂関家・源氏平家の骨肉相食む葛藤と争乱のなかで義経と弁慶の絆はなぜ生まれたのか。奥州平泉藤原氏の興亡、大寺社衆徒の反乱強訴など驚天動地の歴史に「戦さ」と「語り」の世界から光をあてる。　四六判上製　3,800 円＋税

漱石の時代

978-4-88202-883-3 C0021(04・04)

天皇制下の明治の精神　　林　順治　著

漱石の生涯を縦軸に、作品と書簡、その他の資料を再編成しながら10年ごとの各章に配置し、その時代の事件と人物を通して、開国とナショナリズム、近代化と前近代の対立葛藤、悪戦苦闘する明治人の時代精神を読む大作。　品切れ　電子版 有り

ヒロシマ

978- 4-7791-1134-1 C0021 (05. 11)

進歩と殺戮の 20 世紀　　林　順治著

アウシュヴィッツからヒロシマまで、ヒトラーから昭和天皇まで。第二次世界大戦を世界史的視点から捉え返し、ヒロシマに至った道を検証する。進歩と殺戮の世紀を振り返り、人類は、日本人は 20 世紀をいかに生きたのか？を問う力作。　品切れ　電子版 有り

アマテラスの正体

978-4-7791-2022-0 C0021(14. 06)

伊勢神宮はいつ創られたか　　林　順治　著

アマテラスは、日の神と呼ばれ、六世の孫を人にして神、神にして人の初代天皇神武として即位させた。万世一系天皇の物語『古事記』と『日本書紀』の神代女神アマテラスはいかに生まれたか？　その秘密と史実を明らかにする。　四六判上製　2,500 円 + 税

武蔵坊弁慶

978-4-7791-1285-0 C0021(07・09)

神になったエミシの末裔　　林　順治　著

かつてない視点から描く弁慶像！弁慶が渡来王朝の末裔光仁・桓武天皇の対エミシ三八年戦争によって強制連行された、戦争捕虜の子孫エミシの末裔だったことを論証するとともに『義経記』が津軽で誕生した背景を探る。　四六判上製　3,800 円 + 税